L'AVOCAT DES PAUVRES

DRAME

Représenté pour la première fois, à Paris, sur le théâtre de la Gaité,
le 15 octobre 1856.

Yth
1569

DU MÊME AUTEUR :

THÉATRE

Antigone, traduction de Sophocle (édition épuisée).
Hamlet, traduction de Shakespeare, cinq actes en vers.
Benvenuto Cellini, drame en cinq actes.
Schamyl, drame en cinq actes.
Paris, drame en cinq actes.

ROMAN

Scènes du Foyer : La Famille Aubry.
Les Tyrans de Village.

LAGNY. — Imprimerie de VIALAT.

L'AVOCAT

DES PAUVRES

DRAME EN CINQ ACTES

PAR

PAUL MEURICE

PARIS

MICHEL LÉVY FRÈRES, LIBRAIRES-ÉDITEURS

RUE VIVIENNE, 2 BIS

1856

— Droits de représentation, de reproduction et de traduction réservés. —

A

A. CRÉMIEUX

AVOCAT, EX-MINISTRE DE LA JUSTICE DE LA RÉPUBLIQUE FRANÇAISE

PERSONNAGES.

GEORGES TREVOR	MM. Mélingue.
OLIVIER CROMWELL	A. Arnault.
SIR JAFFRAY D'ABERDEEN	Surville.
GILBERT TALBOT	Clément Just.
FLAVIO, comte Cardigan	Gouget.
LUCIAN DEVEREUX	Alfred.
OBADIAH, sergent au régim. des Côtes-de-Fer	Julian.
BERTHEL LE FAUCONNIER	Alexandre.
SAMMY, tailleur	Lequien.
HABAKUK, mendiant	Pepin.
DUNSTAN, patron de barque	Aubry.
GREGORY, charpentier	Janin.
ARCHIBALD, intendant	Thierry.
LILIAS	Mmes Ulric Lejars.
MARGARET TREVOR	Marie Durey.
EFFLAM LA GALLOISE	Marie Clarisse.
BRIDGET	Héloïse.
SUZANNA	Jeanne.

Londres, 1655.

L'AVOCAT DES PAUVRES

ACTE PREMIER

Salle d'attente chez Georges Trevor. Au fond, porte extérieure, et rotonde vitrée qui laisse apercevoir la rue. A droite du spectateur, porte intérieure, cheminée. A gauche, une fenêtre, et sur le devant une table chargée de livres et de papiers.

—

SCÈNE PREMIÈRE.

EFFLAM, FLAVIO, LUCIAN, puis BERTHEL, OBADIAH, SAMMY, GREGORY.

FLAVIO, entrant avec Lucian.

Maître Georges Trevor?

EFFLAM, le reconnaissant et jetant un cri.

Ah! (Elle s'enfuit par la porte de droite.)

FLAVIO.

Vive Dieu! c'est justement, mon cher, cette jolie fille du pays de Galles arrivant de sa montagne et ne sachant pas trois mots d'anglais, que nos amis enlevaient pour moi l'autre soir.

LUCIAN.

Ah! voilà déjà un indice!

FLAVIO.

Ainsi on ne m'avait pas trompé : nous serions bien chez ce Démosthènes qui, avec trois mâles paroles, a, ce soir-là, frappé nos gens de panique. Entrons.

LUCIAN.

N'oublie pas cependant, Flavio, qu'Olivier Cromwell prend parfois diantrement au sérieux les plaisanteries.

FLAVIO.

Mais songes-y donc, Lucian! l'illustre compagnie d'aventures, dont tu es membre et dont je suis chef, les gentilshommes du tapage nocturne, les chevaliers des vitres brisées, les Écumeurs enfin ! ont battu en retraite devant un avocat, à peine soutenu par trois bourgeois et quatre goujats. Je ne compte pas le détail de mon porteur de torche assommé dans la bagarre, mais ils ont fui, les Écumeurs ont fui ! à la voix d'un seul homme, comme, dans Virgilius, ces va-nu-pieds de Troyens à la clameur du duc Achille.

LUCIAN.

Et, par-dessus le marché, le vainqueur aura recueilli ta belle.

FLAVIO.

Oh ! viens, et si nous sommes réellement dans son antre de chicane, à ce damné marchand de paroles, épouvantail des Écumeurs !... (Entrent Obadiah, Berthel, Gregory et Sammy.)

OBADIAH.

C'est ici, Berthel ! la voilà cette maison du bon Dieu, la maison de la cité de Londres que connaissent le mieux les pauvres gens, la maison de Georges Trevor !

FLAVIO.

Ah ! le drôle d'écho ! (A Obadiah.) Vous connaissez Georges Trevor, l'ami ?

OBADIAH.

Oui. — Vous parliez des Écumeurs, Monsieur ?

FLAVIO.

Oui. — Je m'intéresse à ce Trevor ; il a été votre défenseur, mes braves ?

BERTHEL.

Il vient tout à l'heure de me tirer d'une chambre où j'avais pour mobilier... une cruche, et pour point de vue la potence.

SAMMY.

Il a épargné à mes enfants le nom de fils de banqueroutier.

GREGORY.

Moi, il m'a sauvé de l'amende et du fouet que j'avais encourus pour contrebande.

OBADIAH.

Et moi, pour avoir battu un pauvre vieux, un soir que j'étais tombé dans l'iniquité d'ivrognerie, je lui dois quinze jours de fer... et une semonce ! dont je lui serai reconnaissant toute ma vie.

FLAVIO.

Peste! voilà une éloquence!

BERTHEL.

Et comme il vous a arrangé les Écumeurs!

FLAVIO.

Ah! bon! c'est donc véritablement lui?

BERTHEL.

Pardine! est-ce qu'il s'en cache?

FLAVIO.

Merci! C'est là ce que nous venions lui demander ingénûment à lui-même.

LUCIAN.

Et puisque nous le savons, viens, nous retrouverons notre homme sur un meilleur terrain; viens, Flavio.

OBADIAH.

Ah çà! est-ce que, par hasard, vous en seriez de ces fils de Bélial?...

BERTHEL.

Qui ont voulu me prendre ma promise, ma petite Efflam!

SAMMY.

Et qui s'amusent toutes les nuits à effrayer et à battre les honnêtes citadins!

FLAVIO.

Mes pauvres bons! rosser les sages fut de tout temps la perverse inclination des fous. Quant à moi, je vous avoue que mes jours ne savent pas ce que font mes nuits : le soleil ne sait pas ce que fait la lune; c'est pourquoi ils font si bon ménage.

BERTHEL.

Patience! il va y avoir ordonnance contre tous porteurs d'armes et de masques et tous auteurs de désordre après le couvre-feu.

FLAVIO.

Ah bah! quand donc cela?

SAMMY.

Eh! le lord maire présente, ce soir même, à milord Protecteur, la requête des marchands et artisans; les bourgeois ont déjà nommé leur délégué et nous allons choisir le nôtre. La députation sera admise à la réception chez sir Jaffray...

FLAVIO.

Chez mon ami sir Jaffray? Nous y serons — et nous rirons!

OBADIAH.

Vous êtes donc décidément de ces Écumeurs? Si je croyais...

LUCIAN.

Si vous croyiez?

FLAVIO.

En plein jour, fi! Lucian! —Tête ronde! je ne vous dirai pas: je suis un gentilhomme et vous êtes un... passant! mais: vous paraissez à jeun et nous avons évidemment déjeuné. Cette inégalité me pousse à vous prier de remettre notre aimable conversation à la nuit... à la nuit, heure où tous les hommes sont gris. —Viens, Lucian. (Chantant:)

A la Place-Royale,
Il est quatre beautés...

(Il sort avec Lucian.)

OBADIAH.

Suppôts d'enfer!

BERTHEL.

Allons! la paix, Obadiah!

OBADIAH.

Mais ces vauriens avaient l'air de menacer maître Trevor!

BERTHEL.

Eh bien! ils ont leur bande, nous aurons la nôtre à présent.

OBADIAH.

C'est juste! et tu vas adroitement, Berthel, donner à maître Trevor une teinture de la chose.

BERTHEL.

Mais vous voyez qu'il n'est pas rentré, maître Trevor.

SAMMY.

Tu l'attendras, poltron! Eh! tiens, je crois que voilà sa mère.

OBADIAH.

Et ta jolie payse. Nous ne serons plus si gênés de communiquer avec elle, maintenant que tu es dehors. Nous te laissons n'en dis ni trop, ni trop peu ! Sois fin comme l'ambre, garçon !

BERTHEL.

Oui, Obadiah; mais c'est bien difficile !

OBADIAH.

Allons, va, et langue dépendue, c'est le cas de le dire. Et nous, à notre tour de veiller sur maître Trevor. Œil ouvert, bouche close et pied leste. Marchons. (Ils sortent.)

SCÈNE II.

BERTHEL, MARGARET, EFFLAM, entrant par la porte de droite.

BERTHEL, à lui-même.

Fin comme l'ambre !... (Allant brusquement au-devant de Margaret. Madame?

MARGARET, effrayée.

Ah !

BERTHEL.

N'ayez pas peur !...

EFFLAM, l'apercevant, avec joie.

Berthel !

BERTHEL, se désignant.

... Berthel le fauconnier... ce misérable meurtrier !

MARGARET.

Comment?

BERTHEL.

N'ayez donc pas peur! meurtrier par malheur, pas par crime. Meurtrier acquitté, grâce à votre fils, et j'accours pour lui dire de mon mieux mon grand merci. — Bonjour, Efflam ! (Il serr joyeusement la main d'Efflam.)

MARGARET, rassurée.

Ah ! c'est vous le compatriote d'Efflam ! Eh bien ! si vous voulez attendre Georges, il va rentrer.

BERTHEL.

Certainement, je veux l'attendre. (Efflam lui avance une chaise ; il veut lui baiser la main; elle lui fait signe d'être tout à Margaret, et sort.

Cher homme ! Voilà donc où il vit, tout modeste, tout mystérieux, tout caché ! Ah ! s'il a des ennemis, qu'ils y viennent !

MARGARET, vivement.

Mais vous vous trompez ! Georges n'a pas d'ennemis !

BERTHEL.

Bon ! bon ! soyez donc tranquille, chère dame ! Nous sommes une bande de gueux qui ne quittons pas des yeux votre fils.

MARGARET, tout à fait inquiète.

Mon Dieu ! mais que dites-vous là ? mais perdez-vous le sens ? Georges cherche l'ombre et le silence... par goût. Il a voulu pour quartier ce coin retiré de la Cité, cet humble logis pour demeure et les seuls pauvres pour clients. Comment le mêle-t-on aux bruits et aux troubles du dehors ? Depuis trois ans, il vous donne, sans compter, tout ce qu'il a : son temps, son zèle, ses études, son éloquence. Laissez-le en paix à tout ce qu'il aime, à sa solitude et à sa vieille mère.

BERTHEL, se cognant la tête.

Ah ! quelle brute je suis ! Ah ! pauvre dame ! vous voilà palpitante comme l'alouette devant l'émerillon. Je suis, de mon état, dresseur de faucons, voyez-vous, et je sais gronder ou flatter mes bêtes : cza ! cza ! ra ra ra ra ra !... Et puis, j'essaie de m'exprimer vis-à-vis de mes semblables... rien. Votre fils, mais c'est mon défenseur, mon sauveur, ma parole parlée ! Je veux vous... bégayer comme quoi... j'aimerais bien mourir pour lui, et, alors, vous démêlez, vous, que j'ai le projet de le livrer.

MARGARET.

Eh ! c'est qu'en effet...

BERTHEL, cherchant ses mots.

Je suis une brute, c'est convenu. Mais, voyez-vous, pour ce qui est de maître Trevor, je peux... je veux... Ah ! je finirai bien par arracher les mots qu'il faut ! Écoutez. Tantôt donc, au commencement de son discours, je l'écoutais comme machinalement. Il racontait cette terrible histoire : que j'avais tué — misère de moi ! — un homme, ce pauvre Dickson, le porteur de torche ; mais au moins, là, dans une batterie sans traîtrise, que Dickson avait fait mine de défendre ses maîtres, les Écumeurs, et que j'avais frappé comme au hasard, dans la nuit. Ensuite, peu à peu, de ma malheureuse action, il en est arrivé à ma personne : il montrait que j'étais ignorant, mais pas méchant, et qu'il y avait de... l'humain dans ma poitrine, et un cœur, et ceci, et cela. Et à mesure qu'il parlait, je relevais la tête, je m'entendais, je me voyais, ça se débrouillait en moi-même, ça ressuscitait, ça répondait comme à l'appel d'une trompette. Ces choses bonnes qu'il trouvait sur mon compte, elles étaient vraies tout de même ! il ne mentait pas, non ! C'était bien au-dessus de moi, et ça me ressemblait. Ce qui souffre et tâtonne et se plaint là-dedans prenait une voix par lui, et, pour la première fois de ma vie, j'écoutais la parole de mon sentiment, et si belle que j'en pleurais de joie. Après, le juge m'a donc dit : Vous êtes libre. Mais celui qui m'avait déjà véritablement délié, c'était lui, Madame, lui, maître Trevor, votre fils. Et croyez-vous toujours, à présent, que je voudrais le trahir ?

MARGARET.

Non, à présent, je vous connais.

BERTHEL, respirant avec force.

Ouf ! — Mais je vous ai fait du mal, pas moins ! — Archi-brute ! Oh ! je vous en demande pardon, là, à genoux Et ce n'est pas à genoux que je devrais être, c'est à quatre pattes, animal que je suis !

SCÈNE III.

LES MÊMES, TREVOR.

TREVOR, entrant vivement et mettant la main sur l'épaule de Berthel agenouillé.

Non, debout, homme ! debout, pour parler comme pour agir !

BERTHEL.

Ah ! ma voix de clairon ! (Il se relève.)

TREVOR, embrassant Margaret.

Bonsoir, ma mère chérie.

MARGARET.

Bonsoir, mon Georges.

TREVOR.

Pourquoi donc, mon pauvre Berthel, vous maltraitiez-vous ainsi?

BERTHEL.

Maître Trevor, parce que je sais, à cette heure, que ce qui fait l'homme, c'est la parole, et que je ne suis pas un homme.

TREVOR.

Vous n'êtes pas un homme, Berthel? — Et pourtant qu'avez-vous fait depuis que vous m'avez quitté?

BERTHEL, stupéfait.

Comment! vous savez?...

TREVOR.

Oh! je ne vous ai, certes, ni suivi, ni fait suivre, Berthel, et je ne vous avais rien conseillé, rien indiqué. Mais tandis que je parlais pour vous, tandis que je me portais garant pour vous, je vous regardais, et j'ai vu dans vos yeux où vous iriez tout de suite en sortant du tribunal.

BERTHEL.

Pas possible!

TREVOR.

Dickson laisse sa mère, Dickson laisse une veuve et deux orphelins. Berthel, votre premier usage de la liberté a été de courir au logis de Dickson, et d'offrir tout ce que vous possédez et une partie de ce que vous gagnerez à ces pauvres abandonnées.

BERTHEL.

Vous êtes sorcier!

TREVOR.

Non, mais tu vois bien que toi, tu es un homme! Tiens! sans approcher, j'affirme qu'il y a là, sous cette bure, un cœur vivant et chaud qui bat aussi fort que le mien. (Lui posant la main sur la poitrine.) J'ai dit vrai! Eh bien! est-ce que pour ça je suis sorcier?

BERTHEL.

Oh! c'est égal! maître. Vous ne savez pas la suite de ma visite chez la veuve de Dickson?

TREVOR.

Non, qu'est-il arrivé? (Il va à la table, ouvre des lettres, examine des papiers.)

BERTHEL.

Il est arrivé que j'avais préparé un discours superbe. Et puis, je suis entré, j'ai vu ces pauvres femmes, cette misère en deuil, les petits qui ne jouaient pas, et je ne sais quoi m'a serré le gosier, et je suis resté là tout penaud, sans retrouver mon premier mot ni mon dernier. Sur ce, la veuve m'a interrogé, j'ai balbutié qui j'étais, elle s'est dressée, pâle et frémissante de tous ses membres...

TREVOR.

Et elle vous a montré la porte, et vous vous êtes sauvé, mon pauvre Berthel. Oui, c'est évident, la femme de Dickson ne pouvait guère prendre tout de suite cette main que vous lui tendiez, mon ami. Il faut réfléchir à cela, chercher un moyen. Je la verrai, je lui parlerai.

BERTHEL.

Oh! merci! Oh! si vous vous en mêlez, je suis tranquille! — Mais Votre Honneur voit l'avantage de la parole!

SCÈNE IV.

LES MÊMES, EFFLAM.

TREVOR.

Berthel! tenez, voilà Efflam! — bonjour Efflam! — Berthel, depuis ces quinze jours, elle est pour ma mère comme une fille, cette pauvre enfant, et dans la maison une petite fée. Elle va, vient, passe, repasse, et, ses doux yeux sauvages toujours fixés sur nous, devine nos souhaits, prévient nos pensées, nous assiste, nous sourit, nous aime. Et cependant, Berthel, Efflam connaît à peine quelques-uns des mots dont nous nous servons; Efflam n'a pas la parole. Efflam, m'avez-vous compris?

EFFLAM.

Oui. (Avec un mouvement de vivacité joyeuse, elle court embrasser Margaret au front.)

MARGARET.

Chère petite!

TREVOR.

Donc, mon brave Berthel, le cœur il faut l'avoir, mais la parole on peut l'emprunter. C'est justement mon état de prêter la mienne! je vous la prêterai pour la veuve de Dickson.

BERTHEL.

Ah! si vous pouviez me la prêter un peu pour vous parler à vous-même.

TREVOR.

Vous avez quelque chose à me dire, Berthel?

BERTHEL, soupirant.

Rien qu'un petit mot, mais c'est rude!

MARGARET.

Viens, Efflam!... (Elle sort avec Efflam.)

BERTHEL, les regardant s'éloigner.

J'aime mieux ça! — Je vas vous glisser mon mot à l'oreille, maître, et puis filer comme un alfanet, je vous avertis. De ma part à moi, d'abord, j'ai à vous dire, maître Trevor, que ma vie est votre propriété, et que s'il vous faut jamais gibier ou proie, Berthel le fauconnier vous sera, quand vous voudrez, lanier aux lièvres, et aux milans gerfaut.

TREVOR.

Merci, ami, je sais cela.

BERTHEL.

Maintenant, de la part des autres...

TREVOR.

Quels autres?

BERTHEL.

Eh! votre clientèle, donc! elle n'est pas mince : tous les indigents de Londres! Mais ces pratiques-là ne sont pas lucratives. Vous méprisez l'or comme la boue, et, en fait de diamants, Votre Honneur, j'en réponds, n'a que sa conscience. N'importe! voilà ce que j'ai à vous expliquer : Vous n'avez pas économisé des écus, non, mais des obligés, oui. Vous êtes un richard en amis, est-ce clair?

TREVOR.

Pas trop! pas trop!

BERTHEL.

Oh! aidez-moi. Voilà votre mère qui va redescendre, et je ne voudrais pas lui faire peur encore. Tenez, vous disiez que vous n'étiez pas un sorcier, eh bien! mettez-vous dans la tête que vous en êtes un, que vous avez le pouvoir comme... d'une espèce... de magicien. Maître! s'il vous vient... une volonté, un désir, une fantaisie, vous n'avez qu'à parler, c'est fait.

TRÉVOR.

Comment! par qui?

BERTHEL.

Maître! les shellings font les livres, et les livres font des millions, et mille pauvres font la monnaie d'un riche. Je ne dois pas en dire trop, vous êtes si susceptible! Mais enfin, additionnez tous les faibles que vous avez secourus, le total donne une fameuse force! Cette force-là, elle s'est petit à petit ramassée, concertée, mise en corps, elle est à vous, servez-vous-en. Votre mère!... Au revoir!... (Il se précipite dehors.)

TREVOR, le rappelant.

Berthel!... Oh! oui, au revoir, Berthel.

SCÈNE V.

TREVOR, MARGARET, EFFLAM.

(Marguerite et Efflam viennent dresser sur une table au fond une grande corbeille de fleurs.)

TREVOR.

Oh! que vois-je là, chère mère? Vous oubliez pour moi la loi sévère que nous nous sommes imposée. N'avez-vous pas récemment encore vendu vos derniers joyaux pour ménager nos dernières ressources et garder intacts nos biens suprêmes : mon indépendance et ma dignité?

MARGARET.

Sans doute; eh bien?..

TREVOR.

Eh bien! voilà que vous me gâtez comme quand j'étais enfant.

MARGARET, étonnée.

Je te gâte?

BIBLIOTHÈQUE IMPÉRIALE

TREVOR.

J'ai dit, ce matin, c'est vrai, que de nos luxes d'autrefois, celui que je regrettais peut-être le plus, c'étaient les fleurs. Et voilà, ce soir, sur cette table, des fleurs magnifiques et rares.

MARGARET.

Ces fleurs, ce n'est donc pas toi qui les as envoyées?

TREVOR.

Non, ma mère.

MARGARET.

Mais ce n'est pas moi non plus, Georges.

TREVOR.

Efflam! d'où vient donc ceci?

EFFLAM.

Je ne sais pas.

TREVOR.

Et on n'a pas réclamé le prix de ces fleurs?

EFFLAM.

Non.

TREVOR.

C'est étrange!.. O les demi-mots de Berthel!

MARGARET.

Georges, tu as des soupçons?

TREVOR.

Oui. Les marchandes de Hay-Market auront voulu me remercier de ce que je leur aï obtenu une diminution du droit de prévôté.

MARGARET.

Georges, tu veux me donner le change! Ah! depuis un mois, depuis que sir Jaffray est revenu à Londres, Georges, je ne vis plus! Si tu étais reconnu, découvert?

TREVOR, comme malgré lui.

Ah! par moments, je le voudrais!

MARGARET, douloureusement.

Mon fils!... C'est bien! je m'attendais à cela.

TREVOR.

A quoi vous attendiez-vous, ma mère?

MARGARET.

Georges, ne crois pas que j'aie méconnu jamais ton âme volontaire et fière. Le souvenir de ton père vénéré, les épreuves de ta jeunesse, cet âpre travail auquel tu dois ton éloquence, et enfin, et surtout peut-être, la sombre menace qui pèse sur ton sort, — tout a épuré en toi la conscience, trempé le caractère, suscité les grandes forces : la passion de l'honneur, le culte du devoir, la haine de l'iniquité...

TREVOR, souriant.

O les chimères maternelles!

MARGARET.

Et toutes ces énergies, toutes ces vertus, depuis trois ans, par dévouement filial, pour m'épargner de mortelles angoisses, tu les laisses dormir et languir dans l'ombre. Sans doute tu les mets au service des souffrants et des petits; sans doute tu es l'appui de tout ce qui chancelle, la voix de tout ce qui est sans voix. Mais enfin, — et c'est à cela, Georges, que je m'attendais, — tu te lasses aujourd'hui de cet horizon borné. A ton ardeur d'action il faut la lutte, il faut le péril. Eh bien! va, je ne t'en blâme pas, je ne te retiens pas. La lumière sur ton passé, une rencontre avec ce sir Jaffray mettent en jeu ta vie et par conséquent la mienne. N'importe! je comprends, hélas! que tu appelles ces hasards et ces dangers comme d'héroïques besoins de ton orgueil.

TREVOR.

S'il se trouvait pourtant qu'il n'y a d'orgueil ici qu'au cœur de la mère, ô ma mère bien-aimée? — Allons! il faut que vous lisiez dans mon âme...

MARGARET.

Ah! toi, tu vas me séduire!

TREVOR.

Je vais me confesser. Et comme vous allez être surprise et humiliée quand je vous aurai découvert les faiblesses de ce « ferme caractère, » les enfantillages de ce « héros! »

MARGARET.

Mais Efflam?

TREVOR.

Elle n'écoute ni ne comprend. — Mère, vous vous rappelez, quand nous habitions, à Édimbourg, la vieille maison de mon père, il y avait chez nous, avec nous, grandissant près de moi votre fils, il y avait votre fille d'adoption, l'orpheline que lord Windall avait recueillie et vous avait confiée au berceau.

MARGARET.

Lilias. Ma Lilias! où est-elle à présent?

EFFLAM, à elle-même, s'interrogeant.

Lilias?

TREVOR.

Lilias vous aimait, vous embrassait, vous écoutait comme sa mère. Je vois encore rire ses lèvres vermeilles et ses grands yeux limpides. Comme elle riait! vous rappelez-vous? Déjà jeune fille et toujours enfant, elle usait de sa joie comme d'une chose qui ne lui devait pas bien longtemps durer, pauvre petite! J'étais de beaucoup son aîné; mais, moi, elle me traitait sans façon, comme un camarade. — Ah! de toutes les tendresses que Dieu a données à l'homme, l'une des plus charmantes n'est-elle pas celle du grand frère pour la petite sœur qu'il protége comme son enfant, qu'il aime comme son égale? — Lilias m'employait, me commandait, se moquait de moi et me regardait à peine; elle ne regardait que le jeu, son but, son caprice; étourdie, curieuse, imprévue, allant, courant, sautant, jetant au vent son babil, sa gaieté, ses chansons, et... quelquefois... ses rubans.

MARGARET.

Tu les as gardés!

TREVOR.

Et cet éloquent avocat a bien souvent, depuis trois années, parlé à ces chiffons, ma mère. Ah! la vie la plus austère a besoin de pareils rêves! On a ses anges. Les uns graves comme le devoir, les autres souriants comme l'espérance. Ma mère! — approchez-vous un peu que je vous dise,— figurez-vous, un livre qu'elle a touché, la couleur qu'elle aimait, l'air qu'elle chantait, le parfum de sa fleur préférée, qu'est-ce que je vous dirai? une ombre, un songe, un mot, un rien me la fait venir, et je la regarde, et je l'entends, et nous voilà jasant, d'elle, de moi, de vous... de vous aussi, méchante mère!.. ou bien nous nous taisons, et il n'y a plus au monde que deux êtres : moi qui la contemple, et elle qui est contemplée.— C'est absurde! c'est puéril! riez de moi, grondez-moi! je suis un fou, un bien grand fou, n'est-ce pas? — Cela ne m'empêche pas pourtant d'être toujours prêt, debout et armé, pour l'humanité et pour la justice, et à l'heure du devoir, à l'heure du danger, c'est mon père alors que j'appelle, mon père endormi dans la tombe, et il vient, lui aussi, et ce qu'il veut, je le peux, et ce qu'il dit, je le fais.

MARGARET.

Noble cœur! — Mais Lilias, Dieu merci! est encore de ce monde!

TREVOR.

Aussi, elle, je l'évoque comme l'ange de la vie. Mais, depuis trois ans, qu'était-elle devenue? Lord Windall, quand nous avons été forcés de fuir, l'avait remise, avant d'aller se faire tuer à la bataille de Dunbar, entre les mains de sa sœur, la femme de sir Jaffray. Mais nous avions appris avec épouvante que sir Jaffray était devenu veuf. Et moi je ne pouvais chercher Lilias! moi qui me cachais! — Eh bien! ma mère, depuis un mois, elle est ici, à Londres, à dix pas de cette maison, dans l'ancien hôtel de lord Windall, aujourd'hui la proie de sir Jaffray.

MARGARET.

Lilias à Londres! En es-tu sûr?

TREVOR.

Eh! oui, ma mère, puisque je viens de la voir tout à l'heure.

MARGARET.

Mon Dieu! où cela?

TEEVOR.

Sir Jaffray était avec elle. Elle rentrait, elle passait. Plus charmante que jamais, ma mère, et pourtant si triste et si pâle! C'était bien sa figure céleste! c'étaient ses lèvres, mais qui ne souriaient plus! c'étaient ses yeux, mais qui avaient pleuré!

MARGARET.

Ma Lilias!

TREVOR.

Mère, je me suis informé, et d'ailleurs ne connaissons-nous pas bien sir Jaffray? Mère, je vous dis qu'il la contraint et qu'il la persécute, le misérable trahisseur. Regardez, il y aura fête, ce soir, à l'hôtel Windall, et le lord Protecteur y doit venir; mère! je me défie de cette fête! Oh! et je n'ai pas même le droit d'y entrer!

EFFLAM, qui suit tous ses gestes, à elle-même.

Je comprends!

MARGARET.

Georges, prends garde!

TREVOR.

Et, cussé-je ce droit, vous avez raison : la prudence m'ordonne d'éviter le regard de sir Jaffray. Ah! cependant, vous le voyez bien, s'il m'est échappé de souhaiter cette rencontre, ce n'est pas orgueil, ambition, ardeur de combat ou soif de péril, non! c'est que Lilias souffre, et que je suis le défenseur des souffrants; c'est que Lilias pleure, et que j'aime Lilias, ma mère.

EFFLAM, à elle-même, douloureusement.

Pauvre Efflam!

MARGARET.

Cher fils, pardonne!... oh! oui, il faut secourir Lilias. Mais comment? (Bruit au dehors.) Quel est ce bruit? On dirait une rumeur populaire.

SCÈNE VII.

LES MÊMES, GILBERT TALBOT, se précipitant éperdu par la porte du fond.

GILBERT.

Asile! asile!

TREVOR.

Rassurez-vous, ma mère! (A Gilbert.) Qui êtes-vous? quel danger vous menace?

GILBERT.

Je venais chez vous, maître Trevor; j'ai été signalé, poursuivi par les sergents du bailliage.

TREVOR, allant à la porte du fond.

Comment! dans l'enceinte de la Cité!

GILBERT.

Aussi, voyez, les habitants résistent à Temple-Bar. Vous, homme de la loi, faites respecter la loi.

TREVOR.

Soit; mais, pour la seconde fois, Monsieur, qui êtes vous?

GILBERT.

Je me nomme Gilbert Talbot. Je venais solliciter de vous, ah! plus que la vie, l'honneur! Monsieur, je suis sous le coup d'une horrible accusation. Indignement soupçonné du détournement d'un dépôt...

TREVOR.

Oh! — Quel est votre accusateur?

GILBERT.

Sir Jaffray d'Aberdeen.

TREVOR.

Sir Jaffray!

MARGARET, bas à Trevor, avec épouvante.

Mon Dieu! l'homme que tu dois le plus éviter au monde!

TREVOR, regardant sa mère.

Vous êtes en sûreté dans cette maison, Monsieur. Mais je ne suis et je ne dois être que l'avocat des pauvres.

GILBERT.

Mais je suis un simple commis de l'amirauté, Monsieur, et, sous ces habits décents, ma pauvreté n'est que plus cruelle. D'ailleurs, si ce n'est Georges Trevor, quel avocat assez pur et assez hardi bravera sir Jaffray, le plus puissant des Parlementaires? Vous vous taisez? Ah! si vous me manquez, pourtant, je n'ai plus que le désespoir pour ressource! Monsieur, écoutez, vous êtes jeune; j'aime et je crois être aimé. Vous êtes mère, Madame; sachez que je n'ai plus de mère! — Rien? Vous êtes tous deux sans pitié? c'est bien! (Il fait un pas vers la porte.)

TREVOR.

Malheureux! vous allez vous livrer?

GILBERT.

Oh! non, ils ne me prendront pas! mon nom ne sera pas infâme!

TREVOR.

Que voulez-vous donc faire?

GILBERT.

Ce que je veux faire on le fait, on ne le dit pas.

TREVOR.

Voilà un homme qui va se tuer, ma mère!

MARGARET.

Arrêtez, Monsieur. — Dieu le veut, Georges! suis ton désir, fais ton devoir.

TREVOR.

Ah! merci, merci, ma sainte mère! (Il lui baise la main. Elle sort et fait signe à Efflam de venir avec elle; Efflam la suit lentement et comme à regret.)

SCÈNE VIII.

TREVOR, GILBERT.

TREVOR, allant vivement à Gilbert.

Vous dites, Monsieur, qu'on vous accuse?. .

GILBERT.

En deux mots, voici : Les biens confisqués de feu lord Windall, le général royaliste, ont été dévolus, même avant sa mort, à son beau-frère, sir Jaffray, qui s'était rattaché à la cause du Parlement. Vous savez cela peut-être?

TREVOR.

Ah! le nom de lord Windall est mêlé à cette affaire?

GILBERT.

Sir Jaffray est donc resté maître des écrits et du testament du comte...

TREVOR.

Oui, l'indigne!

GILBERT.

Le testament, il semble l'avoir anéanti. Mais, dans les papiers, il en a découvert un portant cette inscription : *État des pierreries et autres valeurs remises par moi à.....* Suivaient deux initiales... qui se trouvent être les miennes.

TREVOR.

Ah! — Vous connaissiez lord Windall, Monsieur?

GILBERT.

Je lui avais été recommandé par son frère mourant.

TREVOR, le regardant.

Et... ces valeurs ont disparu?

GILBERT, avec effort.

Oui.

TREVOR.

Et! — pardon, Monsieur! — aux termes de la loi anglaise, vous présenteriez-vous devant la justice coupable ou non coupable?

GILBERT, troublé.

Mais, Monsieur, non coupable.

TREVOR.

Alors, savez-vous que vous aviez grandement tort de vouloir vous tuer?

GILBERT, sous le regard de Trevor.

Monsieur!... êtes-vous mon juge ou mon avocat?

TREVOR.

L'avocat est le premier juge, mais le juge qui doit toujours pardonner. L'autre juge est obligé de condamner sur les faits; l'avocat a le bonheur de pouvoir acquitter sur les causes.

GILBERT.

Maître, je ne me crois pas coupable, mais je n'ai pas de preuves pour moi, et j'ai les apparences contre moi. Je ne me crois pas tout à fait coupable, mais qui sait si je ne le serais pas devant une intégrité comme la vôtre?

TREVOR.

Je suis dur pour moi-même, c'est vrai, je dois cela à la souffrance; mais je suis indulgent aux autres, je dois cela à ma mère. Allez! vous pouvez me parler comme vous parleriez à votre conscience. Je vois bien ce que vous êtes. Je vous ai tout d'abord connu à vos résolutions violentes, suivies de défaillances soudaines. Vous n'avez pas, vous, lutté de bonne heure avec la vie, et vous ne la dominez pas toujours. Je vous connais, vous dis-je! Laissez-moi, laissez-moi sans crainte mettre le doigt du Samaritain dans votre plaie.

GILBERT, entraîné.

Vous saurez tout! Mais le secret de ma confidence mourra là?

TREVOR.

C'est le secret de la confession.

GILBERT.

Vous m'en donnez votre parole d'honneur?

TREVOR.

Je vous en donne ma parole.

GILBERT.

* Et il n'est point d'influence, point de nécessité au monde qui puisse vous faire manquer à votre serment?

TREVOR.

De tous les criminels, celui que je plains peut-être le plus, c'est le parjure. Nul être ne me semble moins libre, c'est-à-dire moins homme. Les autres coupables enfreignent des lois qu'ils n'ont pas faites. Le parjure viole sa propre loi, sa parole consentie. Faut-il qu'il soit saisi et torturé par la fatalité*!

GILBERT.

Eh bien! interrogez-moi. Ah! si vous trouviez à me pardonner... je ne dis pas à m'absoudre!

TREVOR, avec une gravité triste.

Lord Windall, n'est-il pas vrai, vous avait réellement remis ce dépôt?

GILBERT.

Oui... un portefeuille renfermant, en diamants et en billets, une valeur de cent mille livres de France. — Oh! mais attendez! la faute, la triste faute a aussi ses excuses.

TREVOR.

Ah! elle en a, n'est-ce pas? Ah! voyons-les, pesons-les ensemble. Et d'abord, vous avez dû, vous avez pu croire assurément que le comte, dans sa pensée, vous donnait ou vous destinait ce legs après lui?

GILBERT.

Sur mon âme! ce fut, et c'est toujours ma conviction intime. Lord Windall me l'avait clairement fait entendre. Tout m'af-

* Le passage entre les astérisques est supprimé à la représentation.

firme que j'étais pour lui le représentant de son frère. D'ailleurs, à qui restituer ce portefeuille? Fallait-il ajouter cette aubaine au butin de ce sir Jaffray, qui a si lâchement trahi et spolié le comte?

TREVOR.

La remise du dépôt avait donc précédé la confiscation des biens de lord Windall?

GILBERT.

Oui. La date de l'écrit même du comte en fait foi.

TREVOR.

Et... qu'est devenu le portefeuille?

GILBERT.

Le voici. Je vous l'apportais. (Il met le portefeuille dans les mains de Trevor.) Ah! Monsieur, si j'avais été saisi avec ce portefeuille sur moi, j'étais perdu.

TRÉVOR, l'examinant.

Perdu? non. Même condamné, vous ne le seriez qu'à la prison.

GILBERT.

Et au déshonneur! je n'y survivrais pas! qu'est-ce que je dis? je ne l'attendrais pas!

TREVOR.

Je vous crois. Je crois que vous ne supporteriez pas la honte. Et que manque-t-il là-dedans?

GILBERT, avec confusion.

Mon Dieu!.. une irrésistible passion m'a entraîné : j'ai dû suivre partout, à tout prix, une jeune fille que j'aime!.. Il manque là environ le tiers des pierreries.

TREVOR.

Et, pour l'avenir, quelles sont vos intentions?

GILBERT.

Ah! je veux laisser ce portefeuille dans des mains sûres, dans les vôtres, si vous y consentez, et puis, ne me reposer que lorsque j'aurai refait et complété le dépôt tel que je l'ai reçu.

TREVOR.

Bien! A votre tour, y engagez-vous votre parole?

GILBERT.

Ma parole et ma vie. Tenez, Monsieur, voici un écrit où j'ai désigné les diamants dont la fatalité m'a fait me dessaisir; j'ai marqué là aussi les moyens que je me suis réservés pour racheter ces pierreries.

TREVOR.

A la bonne heure!... L'événement ne peut manquer de nous apprendre si ce dépôt appartient aux héritiers de lord Windall, — ou à l'État, — ou à vous-même.

GILBERT, avec une sorte d'inquiétude.

Et... vous gardez cette note, Monsieur?

TREVOR.

Sans doute, avec le portefeuille. Oh! Monsieur, si vous avez appris à vous cuirasser contre ces nobles périls : la confiance, la loyauté?...

GILBERT.

Non! non! ne me suis-je pas remis à vous tout entier? — Votre arrêt, maintenant?

TREVOR, comme se consultant lui-même.

Flétri, cet homme se tuerait. Son âme n'est plus innocente et saine; mais, ô Seigneur miséricordieux! elle peut se guérir et se purifier par la souffrance et par la vertu. Ai-je le droit de laisser mon semblable tomber au fond de l'abîme, quand ma main étendue le sauverait?

GILBERT.

Ah! parce que vous êtes sans reproche, ne soyez pas sans pardon!

TRÉVOR.

Si cependant la divinité punissait l'homme qui ose usurper ce feu du ciel : la clémence?.. Mais est-il donc plus aisé de toucher à la foudre, au châtiment?..

GILBERT.

Ne me condamnez pas! ne me condamnez pas!

TREVOR.

Non, Gilbert Talbot! je dois vous défendre, je vous défendrai.

GILBERT.

Ah! merci!... (Avec empressement.) Et vous me rendez votre estime?

TREVOR.

Attendons que tout soit réparé.

GILBERT.

C'est juste... Et que dois-je faire, à présent?

TREVOR.

Constituez-vous prisonnier de vous-même. Mais non pas devant un constable, au coin d'une rue; sir Jaffray vous ferait oublier en prison. Non, il faudrait vous livrer publiquement, solennellement; tenez, si c'était possible, dans cette fête que donne votre accusateur ce soir.

GILBERT.

Oui, cela m'est possible... Et pourtant, savez-vous bien que milord Protecteur, que toute l'Angleterre assiste à cette fête où sir Jaffray doit déclarer miss Lilias sa fiancée!

TREVOR, frémissant.

Sir Jaffray!... Ah! remerciez donc Dieu, Monsieur, d'avoir cet homme pour adversaire! remerciez donc Dieu surtout de le pouvoir affronter en face! (Bruit de voix et de pas au dehors.)

GILBERT.

Ciel! sir Jaffray et ses gens!...

TREVOR.

Ah! ne vous laissez pas prendre! (montrant la porte de droite.) tenez, l'autre issue de cette maison vous met en sûreté. Allez vite!.. (Sort Gilbert.) Et moi, je recevrai sir Jaffray!

SCÈNE XI.

TREVOR, SIR JAFFRAY, FLAVIO, ARCHIBALD, SIX OU HUIT VALETS ARMÉS, puis MARGARET et EFFLAM.

SIR JAFFRAY, l'épée à la main, au dehors.

C'est dans cette maison qu'on l'a vu se réfugier.

FLAVIO, au dehors.

La maison de Georges Trévor! Ah! pour Dieu! sir Jaffray, laissez-moi assister à vos prouesses!

SIR JAFFRAY.

Nos gens contiennent cette foule insolente. Entrons. (Ils mettent le pied sur le seuil de la maison.)

TREVOR.

S'il vous plaît, Messieurs, que demandez-vous?

SIR JAFFRAY.

Vous donnez asile à un fugitif. Nous venons nous en emparer.

TREVOR.

Votre Seigneurie paraît oublier que la loi fait deux portes inviolables : la porte de la Cité de Londres et la porte du citoyen anglais.

SIR JAFFRAY.

De gré ou de force, j'aurai mon prisonnier.

TREVOR.

Votre prisonnier n'est plus là, Monsieur.

FLAVIO.

C'est ce dont il faudrait s'assurer!

SIR JAFFRAY.

C'est ce que je veux voir.

TREVOR.

Il n'y a pas d'épée à mon côté; mais il y a le droit sur ce seuil! (S'écartant et avec défi.) Passez donc!...

SIR JAFFRAY, reculant subjugué par l'ascendant de Trevor.

Monsieur!... Vos raisons, enfin, pour ne pas me livrer ce coupable?

TREVOR.

Je suis son avocat.

SIR JAFFRAY, avec dédain.

Ah! son avocat!.. Oh! alors, permettez! (Il remet au fourreau son épée et entre dans la chambre.) Son avocat!.. Voyons, si je vous offrais d'être le mien?

TREVOR.

Je ne suis que l'avocat des pauvres.

FLAVIO.

Bah! On est l'avocat des pauvres, quand on ne peut pas être l'avocat des riches.

TREVOR.

Pardon! moi, c'est mon choix et mon goût d'être le médecin des plus malades.

FLAVIO.

Vous n'avez guère de fierté, mon cher!

TREVOR.

Si fait! puisque je relève les faibles et que je soutiens les opprimés.

SIR JAFFRAY.

Enfin, vous ne vous mettez pas du parti des forts?

TREVOR.

Si fait! puisque je me mets du parti de Dieu!

SIR JAFFRAY.

Ah! vous nous bravez! Savez-vous bien qui nous sommes?

TREVOR.

Oui, certes, je vous connais, sir Jaffray d'Aberdeen!

SIR JAFFRAY.

Et vous, je vous connaîtrai, prenez-y garde! et il est bien peu d'hommes qui, dans leur vie, n'aient pas de secret pour les perdre.

TREVOR.

Je vous avertis d'avance qu'il y en a un dans la mienne. Mais, de bonne guerre, sir Jaffray, je vous conseille, à vous, de ne pas vous en servir.

FLAVIO, à part.

Il va bien!

SIR JAFFRAY.

L'argile défie donc l'airain? nous verrons! On saura vous retrouver partout, l'avocat des pauvres! vous et votre digne client! (A Flavio.) Nous, dédaignons cet adversaire, comte.

FLAVIO.

Ah! nous dédaignons?..

SIR JAFFRAY, à Trevor.

Allez, mon cher, restez seul dans votre masure; je vous y laisse. Je rentre, moi, dans mon hôtel, où m'environne toute la force et toute la richesse de l'Angleterre, je vous y attends.

TREVOR, étendant la main vers lui.

J'irai! (Sir Jaffray, Flavio s'éloignent avec leur suite. Le peuple se précipite à toutes les issues.)

SCÈNE X.

TREVOR, MARGARET, EFFLAM, puis OBADIAH et SAMMY.

TREVOR.

Oui, j'irai! mais en ce moment il donne à ses valets leur consigne, et c'est ce soir qu'il y faudrait aller, c'est ce soir, pour voir Lilias, pour parler à Cromwell.

OBADIAH, s'avançant.

Parler à mon général? Je lui présenterai facilement Votre Honneur.

TREVOR.

Vous!

SAMMY, accourant.

Maître, les artisans de la Cité vous ont nommé leur délégué pour remettre au Protecteur leur requête contre les troubles de nuit. Voici la lettre d'entrée à la réception chez sir Jaffray que le lord maire vous envoie.

TREVOR.

Une lettre d'entrée à cette fête!

MARGARET.

Vas-y, Georges, et sauve Lilias!

TREVOR.

Ah! sir Jaffray, je ne suis pas si seul! j'ai avec moi Dieu, ma mère, — et les pauvres!

FIN DU PREMIER ACTE.

ACTE DEUXIÈME

A Windall-House. — Salle splendidement éclairée et ornée.

SCÈNE PREMIÈRE.

LILIAS, BRIDGET, puis GILBERT.

BRIDGET, entrant par la gauche et courant à la porte de droite.

Madame!... (Paraît Lilias en parure de fête.) Ah! si vous saviez?

LILIAS.

Qu'y a-t-il, Bridget? Qui est là?...

GILBERT, se montrant à la porte de droite.

Miss Lilias!

LILIAS.

Vous, monsieur Gilbert! c'est vous! — Bridget! Bridget! veillez! (Sort Bridget par la porte du fond.) Oh! je suis heureuse de vous revoir, et pourtant, je tremble! Oubliez-vous quel péril vous courez ici!

GILBERT.

Ce péril, je viens le chercher. Je viens demander des juges.

LILIAS.

Ah! j'en étais bien sûre! Ah! vous avez, n'est-ce pas? les moyens de faire éclater votre innocence aux yeux de tous? Écoutez ma première parole : je n'ai pas douté de vous une seule minute!

GILBERT, frémissant.

Oh! merci, vous êtes bonne! (A part.) Bonne et cruelle, hélas!

LILIAS, comme étonnée.

Vous me remerciez?... L'hiver passé, dans les premiers mois du deuil de mistriss Jaffray, ma dernière protectrice, seule, morne, frissonnante, j'habitais là-bas, au nord, cette grève déserte et ce sombre château d'Aberdeen. Dans ce froid, dans cette souffrance, dans cet abandon, quelqu'un est venu qui n'était pas un étranger pour moi,—quelqu'un qui avait été l'ami, peut-être le parent de lord Windall, mon cher bienfaiteur,—quelqu'un qui m'apportait sa dernière parole et presque son dernier soupir. C'était vous, mon ami. Vous m'avez aimée pauvre orpheline, vous me l'avez dit, et, comme tout est grave dans les larmes, je vous ai saintement accepté pour le fiancé de ma douleur. Aujourd'hui, quand sir Jaffray veut imposer son amour à ma détresse, il vous trouve entre lui et moi, et il vous calomnie, et il veut vous perdre; c'est tout simple. Mais n'est-il pas bien simple aussi, que, moi, je n'admette pas même le soupçon d'une action indigne sur le compagnon de lord Windall et sur mon consolateur?

GILBERT, à part, douloureusement.

O impitoyable confiance!... (Haut.) Vous avez raison, miss Lilias, vous avez raison! Et avant de rougir devant vous, ah! e subirai mille morts!

LILIAS.

Je le sais.

GILBERT.

Mais, Lilias, m'aimez vous? Vous ne m'avez pas encore dit que vous m'aimiez. Ah! parfois votre inaltérable pureté m'épouvante! Et si vous m'aimez un jour, sera-ce comme je vous aime? jusqu'à l'oubli de tout, jusqu'à la démence!

LILIAS.

Ami, ne parlez pas ainsi! L'amour que je rêve, n'étant que grandeur, ne saurait être faiblesse... Ami, étant toute jeune,—vous allez vous moquer!—j'ai lu beaucoup de livres de chevalerie. Je les lisais par désœuvrement et un peu à la légère. Mais quand le monde est devenu si vide et si douloureux autour de moi, j'ai retrouvé en moi avec ravissement cet autre monde enchanté des héros sublimes et des fières aventures. Et croyez-vous que cette poésie-là ne soit rien qu'imagination et chimère? Non, non, et d'abord, ne ressemblais-je pas trop réellement moi-même à la pauvre captive délaissée dans sa tour de glace ou d'ébène? Et puis, n'êtes-vous pas apparu, mon chevalier? n'avez-vous pas été tenté par mon malheur même? Pourquoi donc me défendrais-je de croire aux âmes sans tache et aux amours sans ombre?

GILBERT.

Lilias!.. Ne m'aimez pas, tenez, je ne vous mérite pas!

LILIAS.

Eh! si fait! ce sera sans doute mon tour d'aimer, puisque c'est votre tour de souffrir!

GILBERT.

Ange!... Oh! mais plus je vous vois grande, moins je me sens digne! A la seule pensée de vous entraîner dans mes épreuves, la force me manque.

LILIAS.

Mais non pas le courage, n'est-ce pas? Ayez foi en vous-même! Comme vous m'avez soutenue dans ma peine, je veux vous raffermir dans votre douleur.

GILBERT.

Pauvre enfant! et vous oubliez la vôtre! Cependant, vous voyez que je ne puis plus rien pour vous préserver. Que ferez-vous, comment résisterez-vous, seule, contre sir Jaffray?

LILIAS.

Oh! je ne sais pas, je ne sais pas! Je ne suis qu'une enfant, c'est vrai, et je le sens surtout devant cet homme. Oui, j'en conviens, j'aurais besoin auprès de moi d'encouragement, d'appui, d'énergie. Enfin! Dieu m'aidera... J'ai deux ou trois idées de salut... J'espérerai jusqu'à la dernière minute.

GILBERT.

Mais cette dernière minute, Lilias, elle est venue.

LILIAS.

Ah! relevez donc mon âme au lieu de la consterner!

GILBERT.

Pourquoi nous abuser, Lilias? N'est-ce pas tout à l'heure, n'est-ce pas dans cette fête pour laquelle je vous vois déjà parée, que sir Jaffray vous présente à tous comme sa femme. Et moi, je serai là près de vous, en effet; seulement ce ne sera pas pour vous secourir, ce sera pour me livrer.

LILIAS.

C'est égal! vous serez là!

GILBERT.

Oui, mais moi, homme, je ne pourrai agir; vous, jeune fille pourrez-vous parler?

LILIAS.

Qui m'empêchera de rendre témoignage pour vous ?

GILBERT.

On vous demandera quel est mon droit à votre pitié.

LILIAS.

Eh bien ! je répondrai que vous êtes mon fiancé, Gilbert !

GILBERT.

Dieu ! Ferez-vous cela, Lilias ? ferez-vous cela ?

LILIAS.

Oui, pour vous rendre la confiance et la force, oui, je vous le promets, je vous le jure !... Ah ! Bridget !

BRIDGET, accourant.

Sortez vite, Monsieur ! sir Jaffray est sur mes pas.

LILIAS.

Ah ! qu'il ne vous voie pas ! A tout à l'heure.

GILBERT.

A tout à l'heure... Je vous aime. (Il sort par la gauche.)

LILIAS.

Oh ! je suis si troublée ! une minute pour me remettre, ma bonne Bridget, gagne-la-moi ! (Elle entre vivement à droite.)

SCÈNE II.

BRIDGET, puis FLAVIO et SIR JAFFRAY, entrant par le fond.

BRIDGET.

Pardon ! ma maîtresse est à sa toilette... et si Votre Seigneurie...

SIR JAFFRAY.

C'est bien. Dites à miss Lilias que sir Jaffray l'attend ici, et réclame d'elle un moment d'entretien avant l'heure de la réception. Allez ! (Sort Bridget.)

FLAVIO, qui s'était arrêté à la porte du fond, entrant.

Un dernier mot, mon cher. Vous venez de me prêter mille livres, je vous dois... un bon conseil, et le voici comptant. J'ai aussi, moi qui vous parle, ma revanche à prendre de cet avocat du diable, et je ne lui en fais pas grâce ; mais, croyez-moi, abandonnez-le à mes piqûres d'épingle, et n'armez pas vos grosses pièces contre lui. Il a été trop hautain avec Votre Seigneurie pour ne pas connaître Votre Seigneurie à fond!

SIR JAFFRAY.

Jeune homme, ceci est chose grave, et les choses graves ne vous concernent point.

FLAVIO.

Pardon! pardon! vous oubliez souvent, sir Jaffray, que vous n'avez pas seulement le bonheur d'être mon créancier, que j'ai eu le malheur d'être votre complice. Vous oubliez toujours qu'avant d'embrasser sagement la cause victorieuse, vous avez follement appelé au secours de la cause vaincue les troupes de l'étranger.

SIR JAFFRAY.

Flavio! n'avez-vous pas encore assez abusé de cette imprévoyance?

FLAVIO.

Imprévoyance! le mot est joli!... Je le retiens pour moi, qui ne souhaitais guère revoir les Français qu'afin d'apprendre à jurer, à boire et à aimer à la dernière mode. Mais, de votre part à vous, homme sérieux, vouloir introduire l'ennemi, ce fut bel et bien un crime de lèse-nation, et les maudites preuves de ce crime doivent exister encore quelque part.

SIR JAFFRAY.

Non. Lord Windall seul pouvait avoir ces preuves, et, s'il les avait eues, pourquoi ne les aurait-il pas produites, lorsqu'il fut lui-même accusé?

FLAVIO.

Pourquoi? par générosité, par esprit de famille, par amitié pour sa sœur, votre femme. Mais on n'anéantit pas de ces documents... historiques. Où sont-ils? A qui lord Windall les a-t-il confiés? Je dis, mon cher caissier, que vous devez être sur vos gardes. Toutes les fois que quelqu'un vous méprise, je dis que vous devez le respecter.

SIR JAFFRAY.

Et moi, je dis que je dois le perdre. Pour n'avoir pas peur, il faut faire peur. Vous, ce qui vous défend et vous soutient cher prince des Écumeurs, c'est votre légèreté. Ce qui me garde et m'élève, moi, c'est mon audace. Eh! ne suis-je pas déjà presque au faîte? Le Protecteur lui-même me redoute...

FLAVIO.

Et croyez-vous qu'il vous aime?

SIR JAFFRAY.

Non; mais je n'en force pas moins le puritain à paraître à ma fête mondaine. Le politique ménage en moi, sinon son parlement d'hier, son parlement de demain. Et puis, j'ai les biens de lord Windall, et Olivier Cromwell compte avec le grand propriétaire.

FLAVIO.

Hum! le grand propriétaire pourrait bien un jour décompter avec Charles II.

SIR JAFFRAY.

Allez perdre au brelan mes mille livres, Flavio. Ce que je gagne, moi, je le gagne à coup sûr.

FLAVIO.

C'est pour cela que vous épousez une jeune fille... charmante, mais sans dot et sans nom?

SIR JAFFRAY, riant.

C'est précisément pour cela. Comte, vous comprendrez et vous admirerez mon jeu, un de ces jours, ce soir peut-être. Mais je vous dis que j'ai toutes les cartes dans ma main.

FLAVIO.

Oh!... excepté, s'il retournait... le roi?

SIR JAFFRAY, riant.

Surtout s'il retourne le roi.

FLAVIO.

Bah! oh! ma foi! c'est trop fort et je vous quitte la partie... Aussi bien, voici miss Lilias... Au commencement de toutes nos conversations, je veux vous faire peur et je ris, et, à la fin, c'est vous qui riez et c'est moi qui ai peur, et comme ça ne m'est pas naturel, je me sauve. (Il sort.)

SIR JAFFRAY, seul, reprenant son sérieux.

Quels sots que ces gens d'esprit!

SCÈNE III.

SIR JAFFRAY, LILIAS.

LILIAS.

Me voici, Monsieur; que voulez-vous de moi?

SIR JAFFRAY.

Ce que je veux, Lilias? Je veux, dans vos intérêts, qui sont aussi les miens, je veux ne vous laisser sur cette soirée aucune espérance imprudente, aucune illusion dangereuse; je veux, en deux mots, vous faire comprendre, vous faire peser tout votre bonheur.

LILIAS.

Mon bonheur!

SIR JAFFRAY.

Et, pour première félicitation, laissez-moi vous dire que vous êtes jolie à ravir dans cette parure, et que vous allez être, de toutes les façons, la reine enviée de la fête.

LILIAS.

Cette parure! Ah! elle est cependant pour moi un supplice!

SIR JAFFRAY.

Mais où l'on admirera surtout votre fortune, Lilias, c'est quand je vous nommerai la fiancée et la femme d'un des hommes les plus puissants de la Grande-Bretagne.

LILIAS.

Un incomparable honneur! Dieu veuille m'en préserver!

SIR JAFFRAY.

La grâce que Dieu vous a déjà faite, c'est de vous délivrer des obsessions de je ne sais quel intrigant sans valeur et sans nom, et de vous épargner la honte d'être défendue et protégée ce soir par un criminel à présent chargé d'une accusation infamante.

LILIAS.

Gilbert!... Ah! s'il le faut, je me défendrai et je me protégerai moi-même.

SIR JAFFRAY.

Non, Lilias! car vous avez eu cette chance encore d'avoir reçu l'éducation d'une jeune fille modeste et chrétienne, et, au milieu de cette foule railleuse et jalouse où vous serez le but de mille regards, vous aimeriez mieux mourir, j'en suis sûr, que d'élever, seule, la voix pour un sanglant scandale.

LILIAS.

Je puis toutefois m'adresser à milord Protecteur, me jeter à ses pieds, lui dire...

SIR JAFFRAY.

Non, Lilias! car un autre de vos avantages, ma belle promise, c'est que votre époux futur est l'ami, l'ami utile et nécessaire d'Olivier Cromwell.

LILIAS.

Dieu du ciel! Ah! Monsieur, dans l'universel abandon, c'est vous-même alors que je toucherais par mes supplications et par mes larmes; c'est à vous...

SIR JAFFRAY.

Non, Lilias! car je vous aime, et avant de renoncer à vous, je renoncerai à ma fortune et à ma vie.

LILIAS.

Oh! seule, seule en ce monde!

SIR JAFFRAY.

Oui, seule, seule et dans ma main. C'est justement de cette certitude que je voulais vous pénétrer... Lilias! la pauvre gardeuse de chèvres est libre sur nos versants d'Écosse. Mais vous? votre beauté, votre pudeur, ma passion, mon pouvoir, l'amour que vous avez inspiré à ce jeune homme, l'admiration que vous inspirez à tous, éclat, parure, richesse, toutes vos vertus, tous les dons de Dieu et des hommes réunis en vous... autant de liens, autant de bâillons qui vous font muette, captive, inerte, et ne vous laissent d'autre alternative que la résignation à votre sort. Voilà ce que je tenais à vous dire. Et maintenant je vous quitte pour aller au-devant de milord Protecteur... Décidément, Lilias, vous êtes éclatante et charmante comme une figure de Van Dick! (Il sort, laissant ouverte la porte du fond. On aperçoit une grande salle resplendissante de lumières, mais encore déserte.)

SCÈNE IV.

LILIAS, seule; puis TREVOR.

LILIAS.

Ah! ma force s'en va! ma raison s'égare! Dans ce silence, dans cette solitude illuminée et dorée, j'ai peur! Si je ne me retenais pas, je crois que je crierais au secours. Ah! maintenant comme je te regrette, vieux donjon d'Aberdeen! car je n'ose pas même songer à toi, cher nid maternel d'Édimbourg!... (Georges Trevor paraît dans la salle du fond, voit Lilias, tressaille et s'arrête immobile. — Lilias l'apercevant et jetant un cri.) Ah! je rêve ou je délire! Georges Trevor! O mon enfance! ô mon âme d'autrefois, ma mère Margaret, mon insouciance, ma joie! ô fantômes! (Trevor s'avance lentement et sans parler vers elle.) Non! c'est bien lui! C'est vous?... Oh! je vous en prie, Georges, parlez!

TREVOR.

Et pouvoir! Je vous regarde, je vous entends! Lilias, votre main? La! vous voyez bien que c'est réel, que nous vivons, que nous nous retrouvons, bonté de Dieu!

LILIAS.

Et votre mère?

TREVOR.

Elle vous aime, Lilias! elle vous attend!

LILIAS.

Mais où étiez-vous donc? Qu'avez-vous donc fait, pendant ces trois éternelles années?

TREVOR.

J'ai souffert! Je me cachais. A cause de ma mère. Un jour vous saurez, et vous m'excuserez, Lilias... Mais vous? vous

LILIAS.

Moi? (Se souvenant, et avec un élan vers lui.) Ah! il faut me sauver, Georges! il faut me sauver!

TREVOR.

Je viens pour ça.

LILIAS.

Oh! mais si vous saviez!...

TREVOR.

Je sais tout. Il faut vous sauver ce soir, tout de suite. Eh bien! me voilà, j'arrive.

LILIAS.

Mais ces droits que se prétend cet homme?

TREVOR.

Est-ce que vous n'êtes pas ma sœur et mon enfant?

LILIAS.

Georges! sir Jaffray se dit bien fort!

TREVOR.

Oh! pour vous protéger, je suis plus fort que lui, soyez donc tranquille!

LILIAS.

En effet, Georges, je vous trouve... comme transfiguré. Depuis que je ne vous ai vu, il faut que vous vous soyez acquis quelque grand pouvoir! Que me cachez-vous? Qu'êtes-vous donc?...

TREVOR.

Moi, Lilias? je suis l'avocat des pauvres. Et pourtant, vous ne vous trompez pas : oui, il y a en moi deux forces mystérieuses, (La regardant.) l'une douce...et l'autre terrible... que n'ont pas tous les autres hommes. Ah! fiez-vous à moi, Lilias, et laissez-moi vous défendre! Vous défendre, vous! quelle joie et quelle récompense! Ah! il disait vrai ce pauvre Berthel, c'est beau, c'est grand, la parole humaine!... Serai-je votre avocat, Lilias?

LILIAS.

Mon frère! Ah! c'est la Providence qui vous envoie à mon aide. Ah! vous êtes bon! vous êtes tel que je vous revoyais, Georges, dans mes meilleurs souvenirs. (Voyant que Trevor ne la regarde plus.) Georges! mais à quoi donc pensez-vous?

TREVOR, avec ravissement.

J'écoute le son de mon nom dans votre bouche! Oh! il ne faut pas chercher! il n'y a que vous et ma mère qui disiez Georges comme ça!

LILIAS.

Ami! vous aussi, vous pensiez à moi! Parlez-moi de vous un peu.

TREVOR.

Que je vous parle de moi, Lilias?...

LILIAS.

Sans doute.

TREVOR.

Que je vous parle de moi? Eh bien!... Mais comment vous dire? Tant et si peu!... Non! je ne sais pas, je ne peux pas! Ah! triste avocat sans voix! Le cœur ne parle pas, il palpite!.. Mais, en vérité, quelle idée aussi avez-vous de m'interroger sur moi, Lilias? Est-ce qu'il s'agit de moi? il s'agit de vous, de vous seule! parlons de vous, j'ai besoin de m'informer, de connaître...

LILIAS.

Dites.

TREVOR.

Lilias! il voulait vous forcer à devenir sa femme, ce lâche. Mais il n'a jamais pu vous arracher l'apparence d'un consentement?...

LILIAS.

Jamais!

TREVOR.

... N'est-ce pas? — Ah! comme je le tiens et comme je l'affronte, votre tout-puissant ennemi! — Ainsi, Lilias, chère Lilias! je vous retrouve tout à fait libre?

LILIAS.

Tout à fait, vis-à-vis de lui.

TREVOR.

Pourquoi dites-vous vis-à-vis de lui?

LILIAS.

Georges, vous avez été et vous êtes mon frère, je n'aurai rien de caché pour vous.

TREVOR.

Sans doute, rien, je vous en prie.

LILIAS.

Aussi bien, ceci est la meilleure preuve du peu qu'est sir Jaffray pour moi.

TREVOR.

Ah ! tant mieux ! parlez donc !

LILIAS.

Il prétend me déclarer, ce soir, sa fiancée ; eh bien ?...

TREVOR.

Eh bien ?

LILIAS.

Georges, je suis la fiancée d'un autre.

TREVOR, chancelant.

Ah !... (Après un silence.) Vous avez raison, miss Lilias, nous avons là contre sir Jaffray une admirable preuve.

LILIAS.

Georges ! Qu'avez-vous donc ? vous chancelez !

TREVOR.

Un nuage qui a passé ; la vie en a parfois comme cela ! (A part.) celui-ci portait la foudre.

LILIAS.

Ah ! déjà les invités ! le lord Protecteur !

TREVOR.

Qui donc, qui donc m'a dérobé cette âme ?

LILIAS.

Et sir Jaffray qui va venir me prendre là ! Georges, il faut que je vous quitte. Georges ! vous ne me répondez pas ? Mon Dieu ! est-ce qu'à l'heure décisive, votre résolution faiblirait ?

TREVOR, passant la main sur son visage.

Non ! non ! Votre avocat est prêt, Madame.

LILIAS.

Madame ! Ah ! vous me désespérez ! Georges, qu'est-ce que je vous ai donc fait ? Pourquoi m'appelez-vous Madame, à présent ?

TREVOR.

Non : mon enfant toujours ! Allez, Lilias, et soyez sans crainte ! Allez ! quand je vous dis que vous êtes mon enfant ! (Lilias sort par la porte à droite.)

SCÈNE V.

TREVOR, OLIVIER CROMWELL, SIR JAFFRAY, FLAVIO, GENTILSHOMMES, OFFICIERS, DAMES, SOLDATS de la garde du Protecteur.

UN PAGE, annonçant.

Son Altesse milord Protecteur.

CROMWELL, entrant, grave et froid, à sir Jaffray.

Votre réception est magnifique, sir Jaffray. Je n'ai jamais vu tant de flambeaux!

SIR JAFFRAY.

Votre Altesse me fait-elle l'honneur de me permettre d'aller chercher miss Lilias? (Sur un signe affirmatif de Cromwell, il s'incline et sort par la droite.)

CROMWELL.

Cependant les vrais flambeaux que j'aime à trouver ici, ce sont mes glorieux amis et compagnons d'armes, les vaillants champions de l'Angleterre.— Bonjour, Fairfax! Colonel Jephson, Dieu vous garde! — Ah! Obadiah! où est-il, ton protégé?

OBADIAH, désignant Trevor.

Mon général...

CROMWELL.

Bien! (A Flavio.) Ah! c'est vous, comte Cardigan. Qu'est-ce que vous pensez de certaine requête que le lord maire et les délégués de la Cité viennent de me remettre contre les auteurs des rixes de nuit?

FLAVIO.

Je pense, milord, que les bourgeois et manants n'entendent rien à la plaisanterie. Ils jouent des poings tout de suite, et il faut dégaîner. Ils accepteraient partie égale, s'ils avaient de l'esprit.

TREVOR.

Ils accepteraient partie égale s'ils avaient le droit de porter l'épée.

CROMWELL.

Voilà le mot juste! Il sera fait droit à la requête.

FLAVIO.

Encore ce maudit Trevor

CROMWELL.

Messieurs, je suis à vous. (Les conviés se retirent au fond. A Trevor.) Vous êtes, Monsieur, l'honorable Georges Trevor, l'avocat des pauvres. Un noble titre. On m'a dit que vous aviez aussi à me parler pour vous-même.

TREVOR.

Oui, s'il plaît à Votre Altesse, oui, je lui parlerai librement et simplement; car je suis sous le coup d'une grande douleur, et je ne sache rien de tel que la souffrance pour vous mettre tout de suite de plain-pied avec le génie.

CROMWELL.

Monsieur! je vous écouterai... de tout mon cœur.

TREVOR.

Votre Altesse m'a compris. Milord, je vais engager tout à l'heure un duel... oh! sans effusion de sang, mais où il s'agira pourtant de vie et de mort... avec sir Jaffray, le maître de cette maison.

CROMWELL, avec intérêt.

Ah! avec sir Jaffray! Et que me demandez-vous?

TREVOR.

Ce qui ne se refuse pas à un honnête homme, milord. J'ose prier Votre Altesse d'être mon témoin.

CROMWELL.

Vous avez l'accent qui touche, Monsieur, et je me sens porté vers vous. Mais en quoi puis-je vous aider?

TREVOR.

Milord, je n'ai rien à redouter de sir Jaffray qu'une chose: c'est que, par trahison, il ne m'accuse de trahison, et je voudrais parer d'avance cette atteinte à mon honneur. Ce testament d'un des anciens ennemis de Votre Altesse, doit renfermer, avec ma justification, un secret utile à l'État.

CROMWELL.

Et vous tenez à confier un tel dépôt à des mains sûres? Je l'accepte, Monsieur.

TREVOR.

Une dernière grâce, Altesse. Ce pli cacheté, et dont j'ignore moi-même le contenu, ne doit être ouvert que si e suis directement accusé par sir Jaffray. J'en ai donné ma parole à un mourant.

CROMWELL.

Vous avez ma parole, à votre tour, Monsieur. Est-ce ce qu'il vous faut?

TREVOR, avec émotion.

Milord! vous qui entrez si grandement dans la cause d'un seul, si vous avez jamais besoin de quelqu'un qui meure pour le bien de tous, je prie Votre Altesse de penser à moi.

CROMWELL.

Je suis content, Monsieur, d'avoir fait votre connaissance. (Cromwell remonte vers les assistants.)

SCÈNE VI.

LES MÊMES, SIR JAFFRAY, LILIAS, puis GILBERT.

SIR JAFFRAY, sur le seuil, serrant Lilias par la main.

Venez, miss Lilias.

LILIAS, apercevant Trevor.

Georges!

TREVOR, se plaçant devant sir Jaffray, et d'une voix basse et menaçante.

Monsieur, laissez la main de cette jeune fille!

SIR JAFFRAY.

Cet homme ici!

TREVOR, à demi voix.

Ne m'avez-vous pas dit que vous m'y attendiez?

SIR JAFFRAY, sans quitter la main de Lilias palpitante.

Ah! prenez garde, Monsieur! je suis chez moi!

TREVOR, du même ton.

Oui, et, comme vous m'en avez prévenu, entouré de tout ce qu'il y a dans ce pays d'illustre et de puissant, protégé par vos hôtes, gardé par vos hallebardiers, obéi par vos serviteurs. Et moi, je suis seul et je suis sans armes... (Avec empire.) Allons! faites ce que je vous ai dit.

SIR JAFFRAY.

Insensé! oubliez-vous?...

TREVOR.

Rien. Vous pouvez me faire saisir, emprisonner, chasser, frapper de la pointe ou du plat de toutes vos épées. Et moi, moi je ne peux que parler! (Lui montrant qu'il tient encore la main de Lilias.) Remarquez que vous n'obéissez toujours pas!

SIR JAFFRAY.

Ah! c'est trop d'audace! (Élevant la voix ; tous les assistants se tournent vers lui.) Votre Altesse, Messieurs, mes amis, mes hôtes, j'ai promis de vous présenter aujourd'hui celle qui sera ma femme...

CROMWELL.

Nous serons tous heureux de la saluer.

SIR JAFFRAY.

Lilias!...

TREVOR, d'une voix éclatante.

Je vous ai dit, Monsieur, de laisser la main de cette jeune fille.

SIR JAFFRAY, avec fureur.

Oh! Pardon, Altesse! Holà! qu'on chasse cet insolent!

TOUS.

Hors d'ici! hors d'ici!

TREVOR.

J'avertis tous ceux qui sont contre moi maintenant, qu'ils seront pour moi dans une minute.

CROMWELL.

Vous êtes hardi, cependant, Monsieur, d'élever ainsi la voix en notre présence. Dites vite quel est votre droit.

SIR JAFFRAY, FLAVIO ET LES CONVIÉS.

Oui, son droit?

TREVOR.

Sir Jaffrayi gnore donc ou bien oublie ceci : l'honorable Frédérick Trevor, mon père, juge à Édimbourg, a élevé dans sa maison, comme sa fille d'adoption, miss Lilias que voici. A votre tour, Monsieur, votre droit de m'enlever ma sœur?

SIR JAFFRAY.

Ah! l'on me force à révéler tout de suite et tout haut ce que je voulais tenir encore caché? Je le veux bien. Miss Lilias, — et j'en fournirai les preuves authentiques, — est née du mariage secret, mais légitime, du lord comte Windall et de la fille d'Arabella Stuart, comtesse Seymour, parente du roi Charles...

LILIAS.

Lord Windall, mon père !

FLAVIO, à part.

Demonio! oui, pardieu! je comprends son jeu à présent!

SIR JAFFRAY.

Or, ayant épousé la propre sœur de lord Windall, je reste le seul tuteur naturel et légal de miss Lilias. Répondez à cela, Monsieur.

TREVOR.

Monsieur, répondez pour moi vous-même! car vous savez comme moi, n'est-il pas vrai? que la loi déclare déchu et indigne de ses fonctions le tuteur qui abuse de son pouvoir pour détourner et contraindre à son profit la volonté du pupille.

SIR JAFFRAY.

Sans doute, mais...

TREVOR.

Miss Lilias, parlez maintenant, parlez sans crainte. N'est-ce pas malgré vous, dites, malgré votre douleur et votre aversion, que sir Jaffray allait aujourd'hui vous nommer publiquement sa fiancée ?

LILIAS.

Devant Dieu et par la mémoire de mon père, — oui. (Murmures d'étonnement.)

TREVOR.

Messieurs, vous avez tous ou des femmes, ou des sœurs, ou des promises, et ceci vous touche. Votre Altesse a des filles, et elle est émue. Sir Jaffray, vous avez votre conscience, et vous êtes tout pâle. J'affirme qu'à présent tout le monde ici est avec moi contre cet homme, même cet homme.

CROMWELL.

Sir Jaffray, vous vous taisez!

SIR JAFFRAY.

Non pas, milord. L'accusation ne repose que sur des paroles. Je demande des faits.

TREVOR.

Des faits? (*A part.*) Il faut donc aller jusqu'au bout, mon Dieu! (*Haut.*) Vous voulez des faits, Monsieur? soit. Miss Lilias, et vous le savez bien! n'a jamais pu, n'a jamais dû s'engager envers vous, par la raison que miss Lilias, de son libre choix et de sa ferme volonté, s'est engagée envers un autre.

SIR JAFFRAY.

Eh bien! milord, je baisserai la tête, si ma pupille consent à nommer à voix haute le noble gentilhomme, son digne fiancé.

TREVOR.

Lilias?

LILIAS.

Son nom?

TREVOR.

Lilias, je suis là. Du courage!

LILIAS.

Oui, appuyée sur votre main vaillante, j'en aurai. Ce fiancé, milord, se nomme Gilbert Talbot.

TREVOR, *éperdu.*

Gilbert Talbot! lui! Ah! impossible, Lilias! Ignorez-vous?...

GILBERT, *surgissant à son côté.*

Vous avez mon secret.

LILIAS.

N'ai-je pas votre parole?

TREVOR, *écrasé.*

Oh!

SIR JAFFRAY.

Et ce Gilbert Talbot, le voilà, milord! Sachez tous ce qu'il est. C'est un aventurier poursuivi pour crime de félonie et détournement de dépôt.

GILBERT.

Milord! je venais me livrer volontairement et réclamer solennellement justice!

CROMWELL.

Vous l'aurez, Monsieur. Nous sommes le justicier et le tuteur-né de tous. Vous, miss Lilias, comtesse Windall, vous êtes la fille d'un de nos ennemis d'autrefois, mais d'un ennemi loyal, nous l'avons toujours cru, malgré des calomnies que la vaillante mort de votre père a dissipées. Miss Lilias, puisqu'il semble prouvé que sir Jaffray a si cruellement outrepassé son pouvoir, votre place n'est plus ici, je vous offre un asile à White-Hall, auprès de milady Protectrice et de ses filles...

SIR JAFFRAY.

Soit, milord, puisque la fille de lord Windall ose avouer qu'elle aime un criminel.

TREVOR, relevant la tête.

Dites un accusé, Monsieur! Je suis son avocat, et je le ferai acquitter aux prochaines assises!

FIN DU DEUXIÈME ACTE.

ACTE TROISIÈME

Le Champ de Lincoln. (Lincoln's-Inn-Fields.) A droite, au premier plan, la taverne de l'OURS-BLEU, avec son enseigne peinte. Au troisième plan, une pauvre bicoque délabrée A gauche, la Maison de Café affectant un faux goût mauresque, avec un escalier extérieur, où pend cette enseigne : MAISON DE CAFÉ D'ABDALLAH. Au fond, sous de gros ormes, l'ancienne auberge de Lincoln (Lincoln's-Inn) et des tréteaux de charlatans et de montreurs d'ours.

SCÈNE PREMIÈRE.

SAMMY et une douzaine d'ouvriers sortant de la taverne; OBADIAH et BERTHEL; ensuite SIR JAFFRAY, FLAVIO, LUCIAN, ARCHIBALD, LES ÉCUMEURS.

SAMMY, allant au-devant de Berthel et d'Obadiah qui arrivent.

Eh bien! Berthel? eh bien! Obadiah?

OBADIAH.

Victoire! les enfants! Maître Trevor vient de faire acquitter haut la main Gilbert Talbot. Vive Trevor!

TOUS.

Vive Trevor!

BERTHEL.

Or çà, vous autres, c'est ici le grand rendez-vous. Au Champ de Lincoln, devant la taverne de l'Ours bleu. Nous aussi, nous avons nos fêtes, et en bon air, en meilleur air que chez sir Jaffray! Buvez un coup de bière, tandis qu'à trois ou quatre, nous irons chercher maître Trevor en députation. (Éclats de rire au dehors.)

OBADIAH.

Qui donc nous arrive avec ces éclats? (Entrent sir Jaffray, Flavio, Lucian et les Écumeurs.)

FLAVIO.

Ha! ha! ha! laissez-nous rire un peu, mon maître! Gilbert acquitté! Vous, le grand joueur, deux fois battu... par un robin! laissez-nous rire!

SIR JAFFRAY.

Riez, riez, Messieurs. Vous savez, Flavio, que je ris le dernier.

FLAVIO.

Oh ! mais cette fois, je prétends, mon cher, prendre pour vous votre revanche.

SIR JAFFRAY.

Je la prendrai bien moi-même, soyez tranquille ! Je ne suis pas ici pour autre chose.

OBADIAH.

Par la mort ! est-ce que ça serait à maître Trevor qu'on en voudrait là-bas ?

FLAVIO.

Tiens ! les clients de notre ennemi ! Serait-il là, maître Trevor ?

BERTHEL.

Il va venir, à votre service, messieurs les Écumeurs ! car je parierais ma tête que vous étiez de ces beaux oiseaux de nuit.

FLAVIO.

Eh bien ! oui, nous en étions. Après ?

LES GENS DU PEUPLE.

Les Écumeurs !

FLAVIO.

Vous avez fait rendre une ordonnance, mes braves, pour avoir le plaisir de nous rencontrer en plein jour et le visage découvert. Et bien ! nous voilà. Qu'avez-vous à nous dire ?

BERTHEL.

On a à vous dire... Parle, toi, Obadiah.

OBADIAH.

On a à vous dire...

FLAVIO.

Chut ! Écoutons.

OBADIAH.

On en a gros à vous dire !

FLAVIO.

C'est tout ? (Rires des Écumeurs.)

BERTHEL.

Ah ! pourquoi maître Trevor n'est-il pas arrivé ?

FLAVIO.

Vous l'attendez ? Allons, nous l'attendrons aussi votre fameux champion de paroles. Et soyez tranquilles ! on ne lui fera pas de mal à ce cher défenseur, mais on lui dira son fait. On vous l rendra intact, mais on vous le rendra ridicule.

BERTHEL.

Oh! il faudra voir ça!

FLAVIO.

Jusque-là, restons chacun chez nous; vous autres à l'auberge de l'Ours bleu, à ingurgiter votre bière rance, et nous chez Abdallah, à savourer la nouvelle et précieuse liqueur qu'il vient d'importer de Turquie.

OBADIAH.

C'est bon! nous ne sommes pas de ceux qui boivent noir. A la taverne, enfants!

FLAVIO.

A la Maison de Café, Messieurs! (Berthel, Obadiah et deux ou trois ouvriers sortent de la place; le reste entre dans la taverne. — Flavio et les Écumeurs entrent dans la Maison de Café.)

SIR JAFFRAY, pendant ce mouvement, appelant.

Archibald! Et cette petite Galloise que vous avez laissé si sottement échapper dans la descente de tantôt chez ce Trevor?

ARCHIBALD.

On n'a pu encore la retrouver.

SIR JAFFRAY.

Maladroit! Allez, tenez-vous à portée avec nos hommes.

FLAVIO.

Venez-vous, sir Jaffray?

SIR JAFFRAY.

Je vous rejoins. (A part.) Ah! voici Gilbert. Mais il n'est pas seul. Voyons cela. (Il entre dans la Maison de Café.)

SCÈNE II.

GILBERT, LILIAS, MARGARET, HABAKUK.

HABAKUK, au fond, guidant Lilias et Margaret.

Par ici, mes bonnes dames, c'est par ici.

LILIAS.

Que Georges a été admirablement éloquent, chère mère!

MARGARET.

Oui, il y mettait tout son cœur.

GILBERT, à part.

Dieu ! n'est-ce pas ici que sir Jaffray m'attend?

LILIAS.

Qu'avez-vous donc, monsieur Gilbert? Vous devriez être heureux, vous semblez tout inquiet?

GILBERT.

Moi? non, non, je vous assure...

HABAKUK.

Mes bonnes dames, vous m'avez dit de vous indiquer le logis qu'habitent la mère et la veuve de Dickson, le voilà.

MARGARET.

Allez, je vous prie, avertir ces pauvres femmes de notre venue.

LILIAS, à Gilbert.

Oh! mon ami, quel grand cœur que Georges ! Les pauvres gens qu'il a défendus et délivrés se concertent et se réunissent pour lui faire aujourd'hui un présent à leur portée, et Georges n'entend accepter leur reconnaissance que pour secourir d'autres douleurs. (A Margaret.) Jusqu'aux bénédictions de ces malheureuses femmes qu'il va sauver, c'est nous que Georges envoie les recueillir. Tout ce que la vie peut avoir de douceur, il le donne; il ne garde pour sa part que ce qu'elle a de peine.

MARGARET.

Toute la peine, c'est bien vrai !

LILIAS.

Ah! Georges a quelque chagrin, Georges souffre, n'est-ce pas ma mère? Mon Dieu ! je sens parfois qu'involontairement je le blesse. Tout à l'heure encore, il m'a priée avec un accent si douloureux de ne pas le remercier !

MARGARET.

Tu le remerciais pour monsieur Gilbert?

LILIAS.

Non; pour moi!... Est-ce qu'il douterait de mon amitié? On sait maintenant, c'est vrai, que je suis la fille de lord Windall; mais, enfin, je n'en suis pas moins orpheline, et pas moins pauvre, et pas moins seule. Vous-mêmes vous m'avez forcée d'accepter comme plus convenable l'hospitalité de milady Protectrice. Mais n'êtes-vous donc pas toujours ma mère? Georges n'est-il pas toujours mon frère?

MARGARET.

Ton frère! oui, c'est cela, ton frère! Tiens! Lilias, ne cherche plus à le consoler!

HABAKUK, rentrant.

Mes bonnes dames, vous êtes attendues comme la Providence.

MARGARET.

Viens, Lilias. (A Gilbert.) Nous vous retrouverons, Monsieur.

LILIAS, la suivant, pensive, à elle-même.

Ne plus chercher à le consoler! (Elles entrent dans la maison de Dickson.)

SCÈNE III.

SIR JAFFRAY, GILBERT, ARCHIBALD, à distance.

SIR JAFFRAY, à Gilbert.

Je vois avec satisfaction, Monsieur, que vous avez commencé à me tenir parole.

GILBERT, dans la plus grande agitation.

Monsieur! ce que vous m'avez dit au tribunal, est-ce que je l'ai rêvé? ou bien l'ai-je vraiment entendu?

SIR JAFFRAY.

Vous n'avez rien rêvé. Dans une suspension de l'audience, et avant le verdict prononcé, je vous ai dit : — Vous êtes perdu! je viens à l'instant de me procurer la preuve de votre crime; la voici. — Alors vous m'avez demandé grâce à genoux, et je vous ai dit encore : — Soit! je laisserai, faute de preuves, le jury vous déclarer non coupable; mais jurez-moi que vous viendrez sur-le-champ vous mettre à ma merci, et que vous obéirez à ma volonté et à mon ordre, quels que soient mon ordre et ma volonté. — Vous m'avez fait ce serment, vous avez été acquitté par défaut de preuves, — et vous voilà. C'est bien.

GILBERT.

Monsieur! Monsieur! mais cette preuve?...

SIR JAFFRAY.

Je croyais vous l'avoir mise sous les yeux : un portefeuille renfermant *une partie* des diamants et des billets que nous cherchions...

GILBERT.

Ah! c'est l'enfer! Mais, Monsieur, comment, par qui ce terrible secret vous a-t-il donc été livré?

SIR JAFFRAY.

Qui peut savoir?

GILBERT.

Oh! est-ce que Georges Trevor m'aurait trahi?

SIR JAFFRAY.

Qui peut savoir?

GILBERT.

Non, impossible! Et pourtant vous avez dans les mains ce fatal dépôt! Qu'est-ce que vous allez faire de moi, grand Dieu?

SIR JAFFRAY.

Ce qu'il me plaira. J'ai seul le secret de votre faute.

GILBERT.

Oui, avec Georges Trevor.

SIR JAFFRAY.

Sans doute, mais maintenant j'en ai seul la preuve.

GILBERT.

Non, maître Trevor en a une autre...

SIR JAFFRAY.

Mille diables!

GILBERT.

Une sorte d'état des valeurs soustraites, écrit tout entier de ma main!

SIR JAFFRAY.

Imprudent! (A lui-même.) Après tout, peu importe! et cela m'arrange tout autant!

GILBERT.

Que dites-vous, Monsieur?

SIR JAFFRAY.

Je dis que vous êtes en mon pouvoir, Gilbert Talbot. Je puis d'abord, par un détour connu, et en variant le chef d'accusation, faire recommencer votre procès sur cette nouvelle et irrécusable preuve. Je puis me borner à la présenter à votre pure et confiante Lilias. Elle est précisément là, dans cette maison.

GILBERT.

Lilias ! Oh ! pitié ! — Monsieur, écoutez. Votre but, votre unique but, je pense, c'est de m'arracher de la place que j'ai usurpée dans la vie de cette jeune fille. Moi, mon insurmontable horreur, l'idée qui m'est plus affreuse que mille supplices, c'est d'apparaître comme un misérable larron aux yeux de tous, à ses yeux à elle.

SIR JAFFRAY.

Oui, oui, vous êtes de ceux qui se résignent et s'habituent à l'infamie intérieure, lorsqu'elle peut rester secrète, mais qui préféreraient cent fois la mort à la honte publique. Monsieur, je comprends ce sentiment-là, et j'y compatis.

GILBERT.

Eh bien! ce qu'un instant, j'ai voulu avant l'accusation, permettez-le-moi après l'acquittement. Laissez-moi mourir.

SIR JAFFRAY.

Ah! vous vous tueriez?

GILBERT.

Sous vos yeux, de la main que voilà.

SIR JAFFRAY.

Prenez garde que ce serait vous condamner vous-même, et que le monde et Lilias vous jugeraient coupable sur ce suicide.

GILBERT.

Ah! du moins, je ne le verrais pas!

SIR JAFFRAY.

Allons! il me paraît qu'on peut avoir pitié de vous, et, en somme, je ne veux pas être moins large... que votre conscience.

GILBERT, se redressant avec orgueil.

Monsieur !

SIR JAFFRAY.

Fâchez-vous donc ! je vous sauve!

GILBERT.

Comment?

SIR JAFFRAY.

Oui, je vous permets de ne pas vous tuer.

GILBERT.

Dieu! mais que m'ordonnez-vous alors?

SIR JAFFRAY.

De fuir.

GILBERT.

De fuir?

SIR JAFFRAY.

Sans voir personne, sans parler à personne. Vous allez suivre des hommes à moi qui sont là tout près. Ils vous conduiront à la Tamise. Un bâtiment de l'État vous y attend pour faire voile vers la France.

GILBERT.

A jamais séparé de Lilias!

SIR JAFFRAY.

La vue de ce portefeuille vous rapprocherait d'elle, n'est-ce pas?

GILBERT.

Oh!... je ferai votre volonté, Monsieur.

SIR JAFFRAY.

Et vous ne rentrerez jamais en Angleterre?

GILBERT.

Je vous le jure.

SIR JAFFRAY.

C'est bien! (Appelant.) Archibald!

GILBERT, désespéré.

C'est égal! il me semble qu'il y a une lâcheté dans ce que vous me faites faire là.

SIR JAFFRAY.

Qui peut savoir? — Adieu, monsieur Gilbert!

GILBERT, emmené par Archibald.

Adieu! adieu! Lilias! (Sortent Gilbert et Archibald.)

SIR JAFFRAY, seul, remontant vers la maison de café.

Et, à présent, vous pouvez venir, maître Trevor! je vous tiens! Si lord Windall vous eût remis mes lettres, vous vous en seriez déjà armé contre moi, et, d'ailleurs, on les eût trouvées tantôt, dans cette perquisition, plus ou moins légale, à votre inviolable foyer. Je vais donc, de façon ou d'autre, avoir raison, mon maître, de votre altière probité. Puisque Gilbert a laissé dans vos mains cette maudite preuve, il est vraisemblable que vous préférerez le soin de votre honneur au secret de votre client. Mais alors vous ne nous parlerez plus de votre conscience. Maître Trévor, vous pouvez venir! (Il rentre dans la Maison de Café.)

SCÈNE IV.

TREVOR, BERTHEL, OBADIAH, DUNSTAN, SAMMY, GRÉGORY, HABAKUK, LES PAUVRES.

LES PAUVRES, sortant de la taverne ou arrivant du dehors.

Le voilà! Vive Trevor! Trevor pour toujours! Hourra!

TREVOR, levant la main.

Hé! là, mes bons enfants, pour que je vous entende, ne criez point!

TOUS.

C'est juste.

OBADIAH.

Maître, vous avez encore sauvé un de nous. On voudrait pourtant vous fêter un peu.

TREVOR, douloureusement.

Bien, ami, bien! laissons cela, puisque, grâce à Dieu, j'ai gagné cette cause... (A part) et mon éternelle douleur.

SAMMY.

Ah! maître, vous parliez tout comme si vous étiez en cause vous-même! Vous devez être heureux, hein?

TREVOR.

Oui, bien heureux, bien heureux!

BERTHEL.

Moi, je ne peux vous dire que çà : j'ai pleuré. Je crois bien que vous étiez le seul qui ne pleuriez pas!

TREVOR.

Ah! tu crois cela, bon Berthel? Mais je vous en prie tous, parlons d'autre chose. On m'a dit la bonne et cordiale pensée que vous avez eue.

BERTHEL.

N'allez pas nous refuser, maître!

OBADIAH.

Oh! il ne nous fera pas un affront pareil!

TREVOR.

Non, certes; je ne vous affligerai pas dans votre amicale intention; je l'accepte, et je vous en remercie, et je m'en glorifie.

TOUS.

Ah! vivat! vivat!

TREVOR.

Seulement, j'ai bien appris, en effet, que chacun de vous avait apporté son épargne pour me faire, avec ces offrandes réunies, un présent de la part de tous. Mais quel sera ce présent? il paraîtrait que vous n'êtes pas vous-mêmes entièrement fixés là-dessus?

BERTHEL.

C'est vrai, maître. Et d'abord, nous ne savons pas à quoi nous en tenir au juste sur la valeur de notre somme. Entre quatorze ou quinze cents, nous avons récolté cinq mille shellings. Qu'est-ce qu'on peut bien avoir pour cinq mille shellings? Personne de nous n'en a jamais vu le demi-quart du demi-quart. Mais est-ce que c'est beaucoup pour un riche?

TREVOR, souriant.

C'est trop pour ce que j'ai fait et trop pour ce que je veux faire. Mais, voyons, quelques-uns d'entre vous ont eu certainement leur idée et ont fait leur proposition quant à ce présent. Vous, Grégory le charpentier?

GRÉGORY.

Moi, je voulais vous faire construire un petit palais tout cœur de chêne.

TREVOR.

Ah! Et vous, Habakuk?

HABAKUK.

Moi, j'avais pensé à des titres de noblesse.

TREVOR.

Oh! oh!

SUSANNA.

Moi, à une dot pour une belle dame que vous aimeriez.

TREVOR.

Hélas!

SAMMY.

Moi, je vous offrirais une garde-robe plus belle que celle du feu duc Villiers ou du Grand-Turc.

OBADIAH.

Moi, je vous achèterais un régiment, que vous auriez la faculté de haranguer du matin au soir.

TREVOR.

Merci!

BERTHEL.

Et moi, pour vous délasser, au contraire, je vous donnerais une forêt giboyeuse à tout gibier.

TREVOR.

O mes braves amis! cœurs du bon Dieu! vous ne trouviez rien d'assez beau, n'est-ce pas? rien d'assez riche pour votre cadeau royal? Vous le mesuriez, non à votre pouvoir, mais à votre vouloir, infini comme votre amitié. Avec la foi généreuse des petits enfants, vous ne chicaniez pas votre rêve, et, volontiers, vous m'auriez offert le trône du monde ou quelque étoile du ciel. J'en suis fier et touché, amis, de cette grande reconnaissance, qui est pour moi le don véritable, le don hors de prix. Mais, puisque vous tenez à ce que j'en aie un témoignage matériel, voulez-vous, pendant que nous sommes seuls et en famille, que je vous dise ce qui, venant de vous, me ferait surtout grand plaisir?

BERTHEL.

C'est ça! ah! vous nous tireriez d'un fier embarras!

OBADIAH.

Quelle chance! oui, parlez, on vous écoute.

TREVOR.

Asseyons-nous donc. (Il s'assied sur une table, les jambes pendantes. Tous les pauvres s'étagent et se groupent familièrement autour de lui, debout, assis, agenouillés, couchés à demi, dans des poses d'intimité et d'attention sérieuse et recueillie.) Je remarque, mes enfants, que chacun de vous avait choisi pour moi ce qu'il préférerait pour lui-même : vous, Obadiah, un régiment; vous, Sammy, des habits splendides toi, Berthel, une chasse. C'est tout simple! vous faisiez comme pour vous, chers amis! Mais, vous savez, autant d'hommes, autant de besoins et de goûts; et, à moi, rien de tout cela ne me fait défaut. Ce qui me manquerait plutôt, mes bonnes gens, je vous le dis tout à fait entre nous, c'est un peu de contentement et de joie au cœur. Je ne suis pas très-heureux; non, j'ai là un réel chagrin, allez! une peine profonde! Je vous confie ça; je ne me sens vraiment à l'aise qu'avec vous tous. Voyez-vous, je n'ose pas même laisser voir ma douleur à ma mère, je l'affligerais; il n'y a donc qu'avec vous que je peux pleurer. (Tous ont la larme à l'œil. Les plus rapprochés de Trevor lui serrent la main.)

SUSANNA.

Ah! pauvre cher homme!

TREVOR, se levant.

Eh bien! qu'est-ce que nous faisons donc? Est-ce qu'on n'est plus des hommes?

BERTHEL.

Ah! trédame! écoutez, quand on voit souffrir comme ça une personne comme vous!

TREVOR.

Allons! cela m'a fait du bien d'épancher devant vous mon cœur. Mais c'est fini, et voilà maintenant où je voulais en venir.

TOUS.

Ah! voyons, voyons.

TREVOR.

Mes bons enfants! à la souffrance que j'éprouve, je vous l'assure en toute vérité, ni votre argent, ni même votre amitié n'y peuvent rien.

TOUS, avec regret.

Ah!

TREVOR.

Non, cela est au-dessus de l'homme, au delà de toute richesse et de tout dévouement. Mais, écoutez, il y a d'autres douleurs plus faciles à secourir et à consoler. Chacun de vous aurait été heureux de me voir accepter ce qu'il aimerait le mieux pour son compte; eh bien! de même, je profite, moi, de votre bonne amitié pour me réjouir par le contentement de quelques-uns d'entre vous. Je sais une pauvre famille bien cruellement frappée : en la consolant, vous me consolerez aussi. Je serai toujours moins triste et moins accablé si j'abrite une infortune et si je soutiens une faiblesse. Amis, mon désir et mon choix, le voilà : je vous demande en présent une bonne action. Puisque ma joie ne dépend de vous ni de personne, faites-moi cadeau de la joie d'autrui. Puisque vous ne pouvez me donner le bonheur, donnez-moi des heureux.

OBADIAH.

Mais ce n'est plus du tout la même chose.

VOIX DIVERSES.

Non!... non!... Si!...

SAMMY.

Puisque c'est sa volonté...

TREVOR.

Quand vous saurez de quoi il s'agit...

SCÈNE V.

LES MÊMES, FLAVIO, LUCIAN, LES ÉCUMEURS, paraissant sur le seuil de la Maison de Café.

FLAVIO.

Hé! là-bas, le prêche sera-t-il fini bientôt?

LES PAUVRES.

Les Écumeurs!

BERTHEL.

Allons! on ne peut pas rester un moment tranquille chez soi!

FLAVIO.

C'est que vous avez l'air de vous amuser tant! nous voudrions en être!

OBADIAH.

Saints du ciel!

FLAVIO.

Vous nous avez fait rude guerre, maître Trevor! Vous avez défendu contre nous la vertu... à outrance. Eh bien! voyez si nous sommes des ennemis généreux! nous vous plaignons. *Corpo di Bacco!* quel métier il fait, Messieurs! quel métier! Défendre une éternelle veuve traînant un éternel orphelin! parler pour des muets à des sourds, larmoyer avec des pleurnicheurs, débarbouiller des vilains, et sermonner sur le veau d'or ceux qui n'ont jamais mangé de veau gras!

BERTHEL.

Ah çà! mais il nous insulte!

FLAVIO.

O pauvre avocat des pauvres! je voudrais, par pitié, vous dérider un peu! Mais connaissez-vous seulement la couleur du rire? Pouvez-vous, comme nous, vous moquer du monde et de vous-même? Comment faites-vous pour être toujours si sérieux et si triste?

TREVOR.

Comment faites-vous pour être toujours si gai et si insouciant, vous, comte Flavio? Votre jargon est français, votre nom italien et votre collerette espagnole. Mais votre esprit est à vous. Comment ne voit-il qu'une face des choses? Ce n'est pas moi qui suis triste, c'est le sort. Ce n'est pas moi qui suis sérieux, c'est la vie. Il peut être amusant d'embrasser de gré ou de force une fillette; mais il n'est pas risible de causer la mort d'un homme.

FLAVIO.

Ah! oui, le pauvre Dickson, mon porteur de torche. Il a été tué. Que puis-je y faire?

TREVOR.

Et que peuvent faire aussi, milord, la mère, la veuve et les petits enfants de Dickson? Tenez, regardez, les voici. (Tous s'écartent. On voit Lilias et Margaret amenant deux femmes et deux petits enfants.)

FLAVIO.

O malheur!

TREVOR.

Et maintenant j'achève mon prêche! Nous disions, mes enfants, que vous ne saviez que faire de l'obole de vos épargnes.

Eh bien ! amis, je vous la demande pour ces pauvres femmes. Allons! vous, à qui la souffrance enseigne la charité! allons! les pauvres, secourez les pauvres!

TOUS.

Oui, oui ! Prenez, maître, prenez et donnez.

TREVOR, aux Écumeurs.

Et il ne vous est pas défendu d'imiter les pauvres, Messeigneurs.

FLAVIO.

Jour de Dieu ! voilà le restant de mes mille livres.

LUCIAN ET LES ÉCUMEURS, donnant leurs bourses, leurs colliers, leurs bijoux.

Tenez ! tenez ! prenez !

TREVOR, à la veuve.

Voilà du pain ! remerciez Dieu qui vous l'envoie !

TOUS.

Vive Trevor !

SCÈNE VI.

LES MÊMES, SIR JAFFRAY, puis EFFLAM.

FLAVIO.

Ah ! sir Jaffray ! Venez, mon cher, venez payer l'amende!

SIR JAFFRAY.

De grand cœur ; car j'admire autant que vous le désintéressement et l'humanité, surtout quand ces vertus ne sont pas de l'hypocrisie, surtout quand un généreux refus ne couvre pas quelque indigne accaparement de fortune ou de renommée.

TREVOR.

Ah ! Votre Seigneurie n'aime pas les spoliateurs et les hypocrites ?

SIR JAFFRAY.

Mais laissez-moi vous dire, Flavio, qu'à mon avis, vous vous êtes laissé vaincre bien aisément par l'avocat des pauvres, et qu'avec moins de verve que vous, j'aurais peut-être, moi, le dernier mot avec lui.

TREVOR.

Essayez.

SIR JAFFRAY.

Vous avez pris toute liberté, Monsieur, au milieu de la noblesse, à la fête que je donnais. Me laisserez-vous les mêmes droits parmi les pauvres à la fête qu'ils vous donnent ?

TREVOR.

Assurément.

SIR JAFFRAY.

J'ai répondu à toutes vos questions. Répondrez-vous aux miennes ?

TREVOR.

Oui.

EFFLAM, s'élançant.

Non ! non !

TREVOR.

Efflam ! que voulez-vous, mon enfant ?

EFFLAM, cherchant ses mots avec désespoir.

Maître !... ils sont venus... chez vous... ils ont... ils ont... Ah ! je ne peux pas !

BERTHEL.

Mais je suis là, moi, je vais expliquer...

MARGARET.

Georges ! prends garde ! sir Jaffray te tend un piége !

SIR JAFFRAY.

Ah ! l'on a donc peur de la vérité !

TREVOR.

Ma mère ! est-ce que vous ne savez pas bien que l'honneur de votre fils défie tout regard et toute haine ! (A sir Jaffray.) Allons ! voyons, vous, parlez !

SIR JAFFRAY.

Monsieur, vous avez admirablement démontré tantôt l'innocence de Gilbert, non-seulement à ses juges, mais à moi, son accusateur. Toutefois, j'aurais encore quelques doutes à éclaircir. Il est d'abord une coïncidence bizarre que vous n'avez ni fait remarquer au tribunal, ni remarquée probablement vous-même. Vous avez, tout comme Gilbert Talbot, connu mon parent lord Windall, et vos initiales sont précisément les mêmes que celles de votre client, désignées dans les papiers du comte.

TREVOR.

En effet.

SIR JAFFRAY.

Hasard pour Georges Trevor comme pour Gilbert Talbot, n'est-ce pas ? Mais un hasard plus étrange, c'est que vous avez vendu, cette année même, des diamants au juif Jacob Denner.

TREVOR.

Monsieur, nous sommes pauvres aujourd'hui ; ces diamants appartenaient à ma mère.

SIR JAFFRAY.

Soit ! des diamants ne portent pas la marque et le sceau de leur propriétaire. Mais le portefeuille aux armoiries de lord Windall, si par hasard on l'avait retrouvé, Monsieur, que diriez-vous ?

TREVOR.

Je dirais... Gilbert Talbot répondrait...

SIR JAFFRAY.

Il ne s'agit plus de Gilbert Talbot. Il est acquitté. Vous avez prouvé son innocence, prouvez la vôtre !

TREVOR.

La mienne !

SIR JAFFRAY.

Eh ! oui, puisque le portefeuille a été retrouvé, par-devant témoins, chez vous, et que ce portefeuille, le voici. (Cri universel de surprise et d'indignation.)

TREVOR.

Horreur !

MARGARET.

Mon fils !

LILIAS.

Georges !

SIR JAFFRAY.

J'ajoute qu'il y manque la valeur de mille écus d'or. Regardez vous-même.

REVOR, cherchant et appelant.

Dieu ! mais Gilbert?... Gilbert !... je ne vois pas Gilbert !...

SIR JAFFRAY.

Gilbert Talbot est en route pour la France.

TREVOR.

Parti ! le malheureux ! Ah ! il ne l'aime donc pas ! Mais moi, moi soupçonné ! Ah çà ! est-ce que vous me croiriez capable, vous tous?... Oh ! et je n'aurais qu'un mot à dire !

BERTHEL, OBADIAH, SAMMY.

Dites-le, maître. Parlez. Nous vous en prions !

LILIAS.

Georges ! vous connaissez le coupable, n'est-ce pas ?

TREVOR, tirant le papier que lui a remis Gilbert.

Oui, je le connais.

SIR JAFFRAY.

Eh bien ! nommez-le, avocat intègre !

TOUS.

Nommez-le !

TREVOR, à lui-même.

Silence, Spartiate ! laisse sans sourciller la dent venimeuse ronger tes entrailles !

SIR JAFFRAY.

Nommez-le donc, confident loyal !

TOUS.

Dites !... Parlez !... C'est?...

TREVOR, déchirant la note de Gilbert.

Qu'on me juge ! je ne dois pas, je ne veux pas le nommer

FIN DU TROISIÈME ACTE.

ACTE QUATRIÈME

Le décor du premier acte. — Le soir. Une lampe brûle sur la table à gauche.

SCÈNE PREMIÈRE.

EFFLAM, BERTHEL, DUNSTAN, SAMMY, HABAKUK

et une dizaine d'hommes et de femmes, pauvrement vêtus, groupés au seuil de la porte extérieure.

BERTHEL.

Ne parlez pas! n'approchez pas! Mais, tenez, d'ici, à travers la porte vitrée, vous pouvez l'entr'apercevoir dans l'autre chambre. Il a la tête dans ses mains. Sa mère est auprès de lui. Elle ne veut plus le quitter d'une minute.

SAMMY.

Ainsi, la caution que nous avions fournie entre nous tous pour maître Trevor, n'est plus valable, Berthel?

BERTHEL.

On ne l'avait acceptée que pour deux semaines, et, depuis trois jours, le délai est expiré. De sorte qu'à présent on peut venir arrêter maître Trevor d'un instant à l'autre. C'est pour ça que la pauvre mère ne s'écarte plus du tout de son fils. D'ailleurs, depuis dix-huit jours, depuis cette accusation maudite, maître Trevor ne sort plus, ne sommeille plus, ne vit plus, on peut dire!

DUNSTAN.

Oh! je réponds, moi, qu'il fera reluire son innocence aussi éclatante que le soleil.

SAMMY.

Nous en mettrions tous la main au feu. Mais on n'a pas toujours ses preuves, et, quand le diable s'en mêle...

BERTHEL.

Oh! cet homme-là viendra à bout du diable. Et maintenant, les enfants, il faut nous en aller. Voilà l'heure du courrier de France, il faut que j'aille voir s'il n'y a pas de lettre pour maître

Trevor. Il a écrit deux fois à Gilbert Talbot à l'adresse que tu nous as indiquée, Dunstan, et il a l'air de rudement tenir à la réponse !

HABAKUK.

On lui dira que nous sommes venus, pas vrai?

BERTHEL.

Oui, mais filons, filons. A tout à l'heure, Efflam. (Tous sortent, moins une jeune fille, le visage caché par un capuchon.)

SCÈNE II.

LILIAS, EFFLAM.

EFFLAM.

Qui reste là? (La jeune fille relève son capuchon.) Ah! miss Lilias!

LILIAS.

Oui, Lilias. Allez, allez vite leur dire que je suis là, que je les demande, que je veux les voir.

EFFLAM, avec reproche.

Enfin !

LILIAS.

C'est vrai, j'ai bien tardé! Oh! dites-leur qu'il n'y a pas de ma faute! On me retenait. Milord Protecteur, par un soin cruel de ma dignité, me faisait de White-Hall une espèce de prison. Je n'ai pu échapper à mes surveillants que tout à l'heure. Dites-leur aussi... Oh! mais, je me rappelle, vous ne comprenez pas, je crois?

EFFLAM.

Si. Pendant tous ces jours, j'ai cherché, je me suis appliquée tant et tant! Berthel m'a aidée. Je comprenais, maintenant je parle. J'apprenais pour vous parler, à vous.

LILIAS.

A moi? Eh bien! dans un instant, n'est-ce pas? Mais avertissez d'abord ma mère Margaret et Georges de ma venue.

EFFLAM.

Non.

LILIAS.

Vous aimez mieux m'introduire auprès d'eux?

EFFLAM.

Non.

LILIAS.

Comment ! Que veut dire cela ?

EFFLAM.

Votre vue le fera trop souffrir.

LILIAS.

Mon Dieu ! pourquoi ? Il me déteste donc ! Il croit que je l'ai abandonné ! Mais qu'est-ce que je pouvais, moi ? Je ne suis rien, je n'ai rien... que mon amitié, oh ! mais bien confiante et bien fidèle ! Pourquoi donc souffrirait-il de me voir ? pourquoi ?

EFFLAM.

Vous aimez Gilbert Talbot.

LILIAS, avec un sourire d'ironie.

Amours étranges, où le promis s'enfuit sans penser et sans parler à la promise ! Mais n'importe ! en quoi cela touche-t-il Georges ?

EFFLAM.

Vous lui rappelleriez ce Gilbert ; vous lui rappelleriez l'affreuse accusation.

LILIAS.

Je ne vous comprends pas. Que voulez-vous dire ? Voyons, vous êtes toute dévouée à mes amis ; leur douleur est comme la vôtre ; vous connaissez, vous partagez leurs sentiments. Eh bien ! qu'est-ce qu'ils ont donc contre moi ? Vous aviez à me parler, je vous écoute. Dites-moi tout. Je vous aimerai bien. Enfin, je n'avais plus que ces cœurs au monde, et, s'ils me manquent, je suis bien malheureuse, vraiment !

EFFLAM, touchée.

Malheureuse, vous ? Non, ce n'est pas à vous à être malheureuse : on vous aime ! Et vous méritez qu'on vous aime. Vous êtes belle, et noble, et bien instruite, — élevée par maître Trevor ! — Et puis, je vois que vous êtes bonne. Vous n'êtes pas du tout dans le secret du coupable.

LILIAS.

De quel coupable ? Qui donc est coupable ?

EFFLAM.

Hé ! qui? sinon Gilbert Talbot!

LILIAS.

Gilbert? Gilbert!... Oh! ce n'est pas possible!

EFFLAM.

Moi, j'en suis sûre! Comment maître Trevor aurait-il eu ce portefeuille chez lui?...

LILIAS, cachant son visage dans ses mains.

O mon Dieu! mon Dieu!

EFFLAM.

...Il faut que Gilbert le lui ait remis, vous voyez bien !.

LILIAS.

Oui! cela peut être! Oui, tout s'éclaire d'une lueur terrible : la fuite de Gilbert, le silence de Georges. Oh! mais, quand Gilbert saura que Georges est accusé, il reviendra, il écrira!

EFFLAM.

Il le sait, il n'est pas encore revenu, il n'a pas encore écrit.

LILIAS, avec indignation.

Dieu du ciel! Mais alors nous parlerons, nous!

EFFLAM.

Bien cela! Mais que dire?

LILIAS.

C'est juste. Pas de preuves. Georges les a détruites. Et puis, il s'opposerait... Nous l'avilirions pour rien. O héros de probité! il préfère la conscience... même à l'honneur! — C'est égal! plus que jamais je veux le voir, je veux lui parler, Efflam!. (Elle fait un pas vers la porte de droite.)

EFFLAM.

Arrêtez!

LILIAS.

Ah! laissez, je veux au moins lui crier : Georges, je ne sais pas si j'ai jamais aimé Gilbert, mais je sais bien que je ne l'aime plus! — Rien autre chose. Ce sera assez pour moi.

EFFLAM.

Oui, mais pas assez pour lui.

LILIAS.

Pourquoi?

EFFLAM.

Parce que...

LILIAS.

Pourquoi, dites?

EFFLAM.

Parce qu'il vous aime.

LILIAS.

Il m'aime! Georges m'aime!

EFFLAM.

Pouvez-vous lui dire que vous l'aimez aussi? Alors, entrez.

LILIAS.

Oh! oui, vous avez raison. Mais êtes-vous certaine de ce que vous dites? Comment savez-vous?... Comment avez-vous pu pénétrer son âme?

EFFLAM, avec douleur et dignité.

Madame!...

LILIAS, la regardant.

Ah! pauvre Efflam, mon Dieu! (Allant à elle, la prenant dans ses bras.) Parlez-moi comme à votre sœur. Souffrez-vous donc, vous aussi?

EFFLAM, relevant la tête.

Non, je ne souffre pas en ce moment. Au contraire. J'ai fait ce que je devais, ce que je voulais. — Miss Lilias! je dois épouser Berthel, un brave garçon de mon pays. Je l'épouserai. Nous retournerons vivre ensemble dans nos pauvres montagnes. Ça n'empêche pas que quand j'ai vu Londres, j'ai été toute saisie de la grandeur et de la beauté de la ville. Et quand j'ai connu maître Trevor, j'ai été toute ravie devant cet homme-là, si fier, si doux, si grand, si bon! De le regarder, de l'écouter, j'en rêvais, j'en pleurais, j'en étais parfois heureuse, parfois triste, il me semble que j'en resterai meilleure; mais voilà tout. Il ne se doutera jamais... Miss Lilias, étant au pays, j'allais tous les soirs puiser de l'eau à la fontaine, et il y avait une étoile au ciel que je regardais toujours. Je l'admirais, je la saluais, je l'aimais... je savais pourtant bien qu'elle ne pouvait pas être à moi.

LILIAS.

O pauvre âme!

EFFLAM.

Je ne me serai confiée qu'à vous, miss Lilias. Et savez-vous pourquoi je me suis confiée à vous? C'est parce qu'il faut que vous aimiez maître Trevor, vous. Et je suis sûre que vous l'aimerez. La chose que maître Trevor n'aurait peut-être jamais su vous dire, lui qui parle si bien! je vous la dis à sa place : Il vous aime! Ainsi, j'aurai prêté une fois ma parole à celui qui a si souvent prêté la sienne aux autres. Et vous, aimez-le aussi. Et j'aurai été la pauvre petite flamme sur laquelle on souffle après qu'elle a allumé le flambeau!

LILIAS, l'embrassant.

Chère sœur!

SCÈNE III.

LES MÊMES, OBADIAH.

EFFLAM.

Obadiah!

OBADIAH.

Pardon, excusez. Maître Trevor m'a donné deux commissions : Obadiah! vous remettrez cette lettre à milord Protectecteur; je lui demande à être jugé en sa présence, à White-Hall, par le lord chef de justice, comme c'est mon droit d'avocat. Première chose. Seconde chose : Obadiah! quand on sera pour m'arrêter, tâchez d'être chargé de l'ordre, et venez, si vous pouvez, m'en avertir un peu à l'avance. Comme ma mère ne me quitte pas, je saurai, rien qu'en vous voyant, ce que cela veut dire, et je prendrai mes arrangements. (Piteusement.) Et me voilà.

LILIAS.

Ciel! c'est donc pour ce soir?

OBADIAH.

Oui.

EFFLAM.

Et voilà maître Trevor qui a sans doute entendu Obadiah et qui vient.

LILIAS.

Oh! qu'il ne me voie pas ici! Mais venez m'accompagner,

chère Efflam, j'ai encore tant de choses à vous dire ! (Se tournant vers la porte de droite.) Et puis, Georges, je vous verrai ce soir à White-Hall! (Sortent Lilias et Efflam.)

OBADIAH, un moment seul.

Ah ! je ne boude pas quand il s'agit de frapper avec l'épée; mais frapper un ami, là, avec un mot, je ne sais pas, ça me glace le sang.

SCÈNE IV.

TREVOR, OBADIAH, puis MARGARET.

TREVOR, entrant et courant à la fenêtre à gauche.

Berthel n'arrive pas ! O attente pire que le malheur ! agonie pire que la mort! (Entre précipitamment Margaret. Dès que son regard a retrouvé Trevor, elle s'arrête, et reste debout, immobile comme une statue; mais elle suit des yeux tous les mouvements de son fils.) Ma mère ! (Apercevant Obadiah, à part.) Ah ! Obadiah ! c'est pour ce soir ! (Haut.) Je m'attendais à vous voir, ami. Personne autre n'est venu? Berthel? vous n'avez pas vu Berthel ?

OBADIAH.

Non. Seulement nos pauvres gens, je crois.

TREVOR.

Et personne autre ? (A part.) O Lilias! Lilias! (Haut.) Et, dites-moi, Obadiah, vous êtes de service ce soir?

OBADIAH.

Oui, maître Trevor.

TREVOR.

A quelle heure donc ?

OBADIAH.

A huit heures.

TREVOR.

Est-ce à White-Hall?

OBADIAH.

A White-Hall, auprès de milord Protecteur.

TREVOR, à part.

Je comprends. (Haut.) Merci ! Eh bien! je ne veux pas vous retenir; allez, ami. Soyez exact, entendez-vous. Quelle heure est-il maintenant?

OBADIAH.

Le soleil vient de se coucher, maître.

TREVOR.

Il y a donc encore un soleil! — Merci! allez. (Sort Obadiah.)

SCÈNE V.

TREVOR, MARGARET..

TREVOR, à lui-même.

Je n'ai plus qu'une heure! dans une heure ils viendront me chercher. Et ma mère? comment l'éloigner?... (Haut.) Vous voulez donc toujours rester près de moi, chère mère? Cependant, il faudra bien que vous vous reposiez aujourd'hui! (Retournant à la fenêtre.) Plus qu'une heure, et rien, rien! Heure inconnue, heure sombre! ne dois-tu donc m'apporter que cette intolérable angoisse? Oh! impossible! Gilbert ne sera pas si lâche! Il viendra! L'assassin lui-même ne tue pas son sauveur! (Revenant à Margaret.) Allons, voyons, il faut rentrer chez vous, ma mère bien-aimée!

MARGARET.

Non, Georges, je ne te quitte pas. Si tu sors, je sortirai; je resterai si tu restes.

TREVOR.

Voilà deux nuits que vous ne dormez pas, deux nuits que vous veillez à mon chevet, comme au chevet d'un malade.

MARGARET.

Georges, est-ce que tu te crois en santé?

TREVOR.

Non, je sais bien, j'ai la fièvre, je ne respire plus; l'air manque à ma poitrine, l'air de l'âme : l'honneur.

MARGARET.

Mon Georges!

TREVOR.

Oh! mais je me guérirai par quelque héroïque chirurgie!

MARGARET.

Dieu! voilà ce qui m'épouvante! Georges, quel est ton dessein? Georges, que feras-tu?

TREVOR.

C'est l'heure du courrier de France. Je vous ai dit que je comptais beaucoup sur ce courrier, ma mère, et, vous voyez, j'attends Berthel! j'attends... j'attends la fin de mon inquiétude et de la vôtre.

MARGARET.

Mais s'il n'apporte rien encore, que feras-tu, Georges?

TREVOR.

Ma mère! — Ah! que je souffre! Ah! ces pauvres que je plaignais tant autrefois, comme je les envie! Endurer la faim, la soif, le froid, la misère; errer sans gîte et sans vêtements; subir la captivité, la torture ou la mort, qu'est-ce que cela! qu'importe cela! si l'on a le refuge inviolable, le tabernacle d'or, la vraie richesse, la grande liberté : le juste et pur renom d'un honnête homme! Ah! je les avais, mon Dieu, vos deux suprêmes biens : la conscience, cet honneur intérieur, l'honneur, cette conscience visible! Je les avais, vos deux belles lumières, éclairant toujours ensemble l'âme et la vie! Et j'ai bien conservé votre rayon dans mon cœur; mais voilà qu'ils m'ont volé votre flamme au front!

MARGARET.

Georges! tu ne me dis toujours pas ce que tu feras!

TREVOR.

Dites-moi, vous, ce qu'aurait fait mon père! O mon vénéré père, magistrat sans reproche, vieux juge de franc aloi! répondez, quel est votre conseil et votre arrêt, si, de là où vous êtes, comme de votre siége consulaire, vous voyez votre fils assis sur le banc des accusés? Est-ce que vous pourriez le condamner innocent, et lui dire : Loin de moi et en prison! Est-ce que vous ne lui crieriez pas plutôt : Sois libre! viens me rejoindre!

MARGARET.

Ah! tu vois que tu parles de mourir!

TREVOR.

Croyez-vous qu'à présent je vive beaucoup, ma mère? croyez-vous que j'existe à cause que je respire? Non, une vertu s'est retirée de moi, et ce qui reste de votre fils n'est plus qu'un tombeau : le tombeau de ma fierté, le tombeau de mon talent, le tombeau de mon amour. Allez! la cloche ne sonne pas pour tous les morts! Je ne suis pas vivant, ma mère, je suis déshonoré!

MARGARET.

Malheureux! tu veux te tuer!

TREVOR.

Ma mère! oh! pardon, ma mère bien-aimée! Non, je ne veux pas me tuer! non, non, le suicide est une désertion, et je ne suis pas, moi, de ceux qui fuient. Je lutterai jusqu'au bout, j'espèrerai jusqu'à la fin, ma mère.

BERTHEL, au dehors.

Maître Trevor! Maître Trevor!

MARGARET.

Berthel! voilà Berthel!

SCÈNE VI.

LES MÊMES, BERTHEL.

TREVOR.

Seul? Seul!

BERTHEL, lui tendant une lettre.

J'ai une lettre!

MARGARET.

Lis, Georges, lis.

TREVOR, prenant et tournant la lettre.

Je n'ose pas. Il me semble qu'il y a là, sous ce pli, quelque chose de vil, quelque chose de mortel. J'ai peur. Lisez, lisez pour moi, ma mère.

MARGARET, lisant.

« Monsieur, j'apprends avec une douleur et une indignation « profondes que sir Jaffray retourne contre vous l'arme empoi« sonnée dont il n'a pu m'atteindre. Mais rassurez-vous comme « je me rassure, et attendez avec toute confiance l'accusation et « le jugement. Vous avez, pour vous défendre et vous sauvegar« der, votre intacte réputation et votre admirable éloquence. »

TREVOR.

Et voilà tout? et voilà tout?

MARGARET, lui montrant la signature.

« Gilbert Talbot. »

TREVOR.

Ah ! puissances du ciel ! se dévouer et souffrir et mourir pour ce qu'on admire ou pour ce qu'on aime, c'est assurément bien simple et souvent bien doux ! Mais cet homme, je le hais, je le méprise ! il m'avait volé déjà le bonheur, il me vole l'honneur aujourd'hui ! et le devoir et le serment veulent que je me dévoue à cette lâcheté, que je m'immole à cette trahison ? ah ! c'est plus aussi que la force humaine n'en peut supporter sans crier, sans bondir de rage et de douleur !

MARGARET, à Berthel.

Il convient enfin que ce Gilbert est le coupable !

BERTHEL.

Ah ! si vous vouliez le déclarer !

TREVOR.

Assez, malheureux ! Dieu merci ! je ne l'ai pas voulu quand je le pouvais !

BERTHEL.

Et maintenant vous ne le pouvez ni ne le voulez ? (Avec une brusquerie de désespoir.) On ne peut vous être bon à rien !

TREVOR, avec emportement.

A rien, à rien ! laissez-moi ! Je vous dis de me laisser !

BERTHEL, pleurant.

Oh ! pardon, maître ! c'était pour le bien que... Mais puisque vous me dites de... je m'en vais, maître, je m'en vais !

TREVOR, l'arrêtant au passage.

Berthel ! mon brave Berthel ! Ah ! c'est à toi de me pardonner ! Ah ! la souffrance rend méchant !

BERTHEL.

Par exemple !

TREVOR.

Ami ! c'est fini, le cri est jeté, l'accès est passé. Va. (Le rappelant.) Berthel ! rejoins Obadiah et ne le quitte pas de la soirée. Tu ne pourras pas me sauver, mais tu pourras me servir. Va.

BERTHEL.

Maître ! oh! oui, je vous obéis, je vous obéis. (Il sort.)

SCÈNE VII.

TREVOR, MARGARET.

TREVOR.

Et vous aussi, chère mère, je vous ai effrayée. Pardonnez-moi, rassurez-vous. Voilà l'homme dompté. Je redeviens Georges Trevor.

MARGARET.

Georges! ce qui fait ma véritable angoisse, ce n'est pas ta colère, c'est ton danger !

TREVOR.

Mon danger? non! point de danger sérieux! Vous avez besoin de votre calme, et non de votre courage, je vous assure. Pour moi, je me sens à présent tranquille et fort. Vrai Dieu! je ferai ce que me conseille cette lettre : je me défendrai.

MARGARET.

Est-ce bien vrai?

TREVOR.

Oh! oui, je vous en réponds que je ne laisserai pas assassiner mon honneur sans une défense terrible! Ma mère, écoutez ceci : sur mon âme immortelle, j'ai horreur de l'impie suicide, et Dieu a mis dans mes mains de quoi frapper, de quoi confondre sir Jaffray d'abord, Gilbert Talbot ensuite. Vous croyez à ma parole, n'est-ce pas?

MARGARET.

Oh! oui, mon Georges; mais c'est égal! tu me laisseras ne pas te quitter, tu me laisseras te suivre, devant tes juges, en prison, partout.

TREVOR.

En prison! mais il ne s'agit pas de prison! Vous voyez, voilà encore un jour passé sans encombre. Et là, vraiment, maintenant que vous êtes rassurée, vous devriez aller prendre quelques moments de repos, chère mère.

MARGARET.

Ah! tu veux m'éloigner de toi!

TREVOR.

Eh bien! non! eh bien! non! Vous avez raison, au fait, puisque nous avons à nous une de nos bonnes soirées de causerie ou de lecture. Voulez-vous que je prenne votre bible, ma mère? Voulez-vous que Dieu soit de notre entretien?

MARGARET.

Oui, c'est cela; oui, mon Georges, tout ce qu'il te plaira, pourvu que je te voie, pourvu que je te garde. (**Trevor prend la Bible sur la table, à gauche.**)

TREVOR, lisant.

« Or, la mère des Machabées, voyant ses sept fils mourir en un jour, souffrait avec constance, à cause de son espoir en Dieu,

« Et elle exhortait ses enfants dans la langue de leurs pères. unissant la fierté de l'homme à la tendresse de la femme.

« Et elle leur disait : Ce n'est pas moi qui vous ai donné la vie et l'âme, c'est le créateur du monde.

« Et il vous rendra l'âme et la vie, parce que maintenant vous ne pensez pas à vous-mêmes en pensant à sa loi... »

MARGARET.

Georges! Georges! pourquoi me lis-tu cela, puisque tu dis que je n'ai pas besoin de mon courage?

TREVOR.

J'avais ouvert le saint livre au hasard, ma mère. Tranquillisez donc votre âme! ménagez donc vos forces! Puisque nous avons un moment de trêve, reposez-vous, je vous en prie, reposez-vous, ne fût-ce qu'une heure.

MARGARET.

Mais toi?

TREVOR.

Moi, je ne vous quitterai pas! Tenez, je serai près de vous, sur ce banc, et votre premier regard me retrouvera là!

MARGARET.

Alors, mon fils, ta main dans la mienne.

TREVOR.

La voici, chère mère, la voici! Enfin, depuis plusieurs nuits, le sommeil vous manque. La fatigue appesantit vos paupières. Pas de danger! pas l'ombre d'un danger! Donnez-moi la bénédiction de votre baiser, et puis, à votre tour, laissez mon cœur vous garder, laissez ma voix vous bercer, ma mère!

MARGARET, s'endormant sous le regard, sous la main de Trévor.

Mon Dieu!... veillez... sur mon fils... bien-aimé!

TREVOR.

Apaise-toi, repose et dors, chère âme maternelle! (Dégageant doucement sa main de la main de sa mère.) Sépare-toi de mon angoisse et de ma douleur. Adieu! laisse-moi la souffrance et garde l'oubli. Adieu! Je les entends, ils viennent me chercher... Toi, rêve ma liberté!

SCÈNE VIII.

TREVOR, MARGARET, endormie, OBADIAH et quatre hommes d'armes.

Obadiah paraît sur le seuil, et entre suivi de ses hommes. Trevor lève la main pour leur imposer le silence, et leur fait voir le sommeil de sa mère. Tous se découvrent avec respect. Trevor va prendre sans bruit son manteau et son chapeau, envoie de la main à sa mère des baisers entrecoupés de sanglots, et se dispose à suivre Obadiah. Mais, près de la porte il s'arrête, saisi de douleur. Il montre à Obadiah le muet abandon, la lugubre solitude où Margaret va se réveiller. Tout à coup une idée le frappe. Il va reprendre à pas suspendus la Bible sur la table, la feuillette sur son genou, y cherche et y trouve la page qu'il a lue, et place le livre ouvert sur le banc où il était étendu l'instant d'avant, à la place où le premier regard de Margaret va le chercher au réveil. Puis, il s'agenouille, baise la robe de sa mère, se relève en contenant les larmes qui l'étouffent, s'éloigne à reculons pour perdre le plus tard possible Margaret de vue, et, arrivé à la porte, fait signe à Obadiah qu'il est prêt à le suivre. Ils sortent.

FIN DU QUATRIÈME ACTE.

ACTE CINQUIÈME

Premier tableau.

Salle à White-Hall.

SCÈNE PREMIÈRE.

CROMWELL, LILIAS.

LILIAS.

Milord! milord! je vous jure que Georges Trevor n'est pas coupable!

CROMWELL.

Qui soupçonnez-vous donc, milady?

LILIAS.

Pardon! je ne suis pas ici pour accuser, mais pour justifier. Georges n'est pas coupable!

CROMWELL.

Oui, mes vœux étaient pour lui autrefois. J'avais cru reconnaître dans sa parole le son d'une grande âme. Il semblait devoir réduire à néant, par le seul ascendant d'une vie irréprochable, cet arrogant sir Jaffray. Mais depuis...

LILIAS.

Il est toujours le même, milord. Mais on calomnie comme on empoisonne.

CROMWELL.

Eh bien! que tout à l'heure, devant le lord chef de Justice et face à face avec son accusateur, maître Trevor nous fournisse des preuves sans réplique!..

LILIAS.

Des preuves! Eh! c'est là précisément le jeu ironique du sort! Il ne peut donner lá preuve qu'il n'est pas un infâme qu'en devenant un traître.

CROMWELL.

Cependant, la justice qui s'aveuglerait elle-même ressemblerait trop à la faveur, Madame.

LILIAS.

Dieu! Votre Altesse est-elle donc maintenant pour sir Jaffray?

CROMWELL.

Je suis pour le bon droit et pour la vérité.

UN HUISSIER, entrant et annonçant.

Milord chef de justice et sir Jaffray. (Sur un signe de Cromwell, il se retire, laissant ouverte la porte du fond.)

CROMWELL, s'inclinant et présentant la main à Lilias pour la reconduire.

Madame...

LILIAS, à part.

Que va-t-il se passer? Ah! je veux le savoir!

SCÈNE II.

CROMWELL, LE LORD CHEF DE JUSTICE, SIR JAFFRAY, puis TREVOR et OBADIAH.

CROMWELL, répondant aux salutations du lord juge et de sir Jaffray.

Milord... Monsieur...

SIR JAFFRAY.

J'avais cru que Votre Altesse me mandait à cause de la convocation du nouveau Parlement. Mais mon excellent ami le lord grand juge m'apprend qu'il s'agit d'abord d'en finir avec l'affaire de ce Trevor.

CROMWELL.

En effet. (A l'huissier.) Introduisez le prisonnier. (Entre Trévor amené par Obadiah et deux hommes d'armes. Obadiah congédie ses hommes du geste et se pose en faction à la porte. — Trevor salue Cromwell et le lord juge, puis s'arrête devant sir Jaffray.)

TREVOR, à sir Jaffray, à demi voix.

Je suis aise que Votre Seigneurie ait bien voulu se rendre à mon appel.

SIR JAFFRAY, sur le même ton.

Oh! de tout cœur. Je tenais Votre Honneur à ma discrétion.

TREVOR.

Ce sera donc sans pitié?

SIR JAFFRAY.

Sans pitié ni grâce.

TREVOR.

Merci !

CROMWELL.

Monsieur Trevor, vous connaissez les charges qui s'élèvent contre vous. Vous présentez-vous devant nous non coupable ?

TREVOR.

Certes, milord.

CROMWELL.

Le coupable, vous le connaissez ?

TREVOR.

Oui.

CROMWELL.

Voulez-vous le nommer ?

TREVOR.

Impossible.

CROMWELL.

Pouvez-vous du moins alléguer des preuves soit pour vous, soit contre lui ?

TREVOR.

Non.

CROMWELL.

Enfin, Monsieur, qu'avez-vous à dire pour votre défense ?

TREVOR.

Rien, milord.

CROMWELL.

Mais alors, il ne resterait qu'à vous condamner ?

TREVOR.

Sir Jaffray, s'il le voulait, lui, aurait peut-être quelque chose à dire ?

SIR JAFFRAY.

Moi, Monsieur ! moi, votre accusateur ! moi, que vous avez tenté d'outrager devant mes amis et mes hôtes ! Moi, à qui vous avez fait injurieusement retirer la tutelle de miss Lilias ! moi, votre ennemi ! quand vous êtes à ma merci et sous mes pieds, je vous tendrais la main et je vous relèverais ! Ah ! vous seriez fou de l'espérer !

CROMWELL.

Cependant, Monsieur, on invoque votre témoignage?

SIR JAFFRAY.

Milord ! en présence du shérif, on a trouvé chez l'accusé le portefeuille soustrait à lord Windall. L'accusé, par un silence au moins aussi habile que sa parole, voudrait laisser supposer que le coupable est le client même qu'il a fait acquitter. Il a héroïquement déchiré une prétendue preuve écrite qu'il tenait dans les mains. Mais cette preuve était le premier chiffon de papier venu. Mais Gilbert Talbot est loin, et les absents ont aisément tort. Voilà, milord, tout mon témoignage, et, en bonne justice, je crois, comme le disait Votre Altesse, qu'il ne reste plus qu'à condamner l'accusé et à le flétrir.

TREVOR.

Ah! Votre Seigneurie est inexorable! Cependant elle ne frapperait peut-être pas un homme à terre, si elle se doutait que ce vaincu a pu autrefois lui être utile.

SIR JAFFRAY.

Vous! à moi! Il y a six semaines je ne vous avais jamais vu.

TREVOR.

Ne peut-on servir quelqu'un sans le connaître ?

SIR JAFFRAY.

Et en quel lieu, en quel temps aurais-je été l'obligé de maître Trevor ?

TREVOR.

Mon Dieu ! si Votre Seigneurie voulait m'aider à préciser la date ?... c'était quand elle embrassa la cause du Parlement, vers l'époque où son parent, lord Windall, fut traduit devant le tribunal d'Édimbourg comme coupable de haute trahison. Sir Jaffray n'était-il pas à Édimbourg en ce moment ?

SIR JAFFRAY.

C'est possible, mais quel rapport?...

TREVOR.

Sir Jaffray se rappellera peut-être alors une circonstance du procès de son beau-frère. Le comte Windall, bon soldat et médiocre orateur, demanda un avocat. Mais, soit passion, soit terreur, personne, en ces jours désastreux de représailles civiles, personne ne se leva dans le barreau de la ville à l'appel de l'accusé. Ah ! il me semble pourtant que, sur un champ de bataille, le chirurgien doit se hâter à la gravité de la blessure plus encore qu'à la couleur du drapeau !

SIR JAFFRAY.

Mais je ne vois pas, Monsieur, où tendent ces détails.

TREVOR.

Oh ! Votre Seigneurie va s'y reconnaître. Elle n'assistait pourtant pas, je pense, à l'audience où le frère de sa femme fut ainsi abandonné; mais elle dut savoir, par ouï-dire, qu'un jeune praticien, arrivé la veille d'Oxford, et inconnu à ce tribunal de juges étrangers, sortit de la foule et sollicita l'honneur et le péril de la défense du comte. Il trouva son client innocent et indigné du crime de lèse-nation qu'on lui imputait. Seulement, lord Windall hésitait à se justifier; car il fallait pour cela qu'il accusât un de ses proches, et c'est la main la plus nette qui craint le plus le contact de la boue. Cependant, lord Windall connaissait le trahisseur, lord Windall avait les preuves de la trahison...

SIR JAFFRAY, à part.

Grand Dieu !

TREVOR.

Ceci commence à intéresser Votre Seigneurie, n'est-ce pas ?... L'avocat inconnu défendit le comte de toute sa conviction, de toute son énergie. Mais le tribunal exigeait des noms et des faits, et, comme lord Windall hésitait toujours, le jeune défenseur obtint un sursis de vingt-quatre heures, s'engageant, s'il n'avait pu vaincre d'ici là les scrupules de son client, à le sauver malgré lui, en apportant lui-même les lettres du coupable; car le comte lui avait remis ces preuves...

SIR JAFFRAY, avec inquiétude.

Étiez-vous donc ce défenseur, Monsieur ?...

TREVOR.

Maintenant, Votre Seigneurie, si sa mémoire ne la trahit pas, pourrait dire aussi bien et mieux que moi ce qui se passa dans la nuit suivante. Le vrai coupable, qui allait être infailliblement accusé et confondu, avait de puissants moyens d'action : il s'arrangea pour faire évader le prisonnier, et, le lendemain, tandis qu'à Édimbourg, on condamnait à mort le comte Windall contumace, le comte Windall prouvait à Dunbar, en tombant comme un soldat, qu'il n'avait jamais pu décheoir comme un traître. Mais son défenseur survivait, lui...

SIR JAFFRAY, se levant, dans le plus grand trouble.

Monsieur, Monsieur ! si vous étiez ce défenseur ?...

TREVOR.

Eh bien ?

SIR JAFFRAY.

Vous auriez assurément rendu un généreux service, non à moi, mais à mon parent, et alors...

TREVOR.

Et alors ?

SIR JAFFRAY.

Je demanderais à Son Altesse votre grâce, que...

TREVOR.

Mais je ne veux pas de grâce, moi, Monsieur !

SIR JAFFRAY.

Non ! non ! je me désisterais purement et simplement de ma plainte.

TREVOR.

Mais le lord grand juge la relèverait ; car votre désistement ne prouverait pas mon innocence.

SIR JAFFRAY.

Eh ! comment donc la prouverez-vous, malheureux ?

TREVOR.

Oh ! je n'ai pas achevé ce que j'ai à dire.

SIR JAFFRAY, avec un cri d'épouvante.

Ah ! taisez-vous ! vous allez vous perdre !

TREVOR.

Moi ? Croyez-vous ?

SIR JAFFRAY, avec égarement, s'élançant vers Cromwell.

Milord ! maître Trevor n'est pas coupable !.. je crois, je sais qu'il n'est pas coupable.

CROMWELL.

Et le coupable, le connaissez-vous donc ?

SIR JAFFRAY.

Oui.

CROMWELL.

Et c'est?

SIR JAFFRAY.

Ce doit être... c'est ce Gilbert Talbot.

TREVOR.

Oh! les absents ont aisément tort!

CROMWELL.

Au moins, Monsieur, avez-vous une preuve?

SIR JAFFRAY, à Trevor.

Insensé! vous l'avez détruite!

TREVOR.

Quoi? ce chiffon de papier?

SIR JAFFRAY.

Mais nous en trouverons quelque autre. Cherchons, cherchons!

TREVOR.

Cherchez! c'est votre affaire. — Seulement, remettez-vous, Monsieur; car il peut paraître singulier que ce soit le dénonciateur qui tremble.

SIR JAFFRAY.

Milord! j'engage ma parole pour maître Trevor. Votre Altesse voudra bien accepter mon témoignage?

CROMWELL, debout et d'une voix sévère.

Lequel des deux, Monsieur?

SIR JAFFRAY.

Votre Altesse voit pourtant...

CROMWELL.

Je vois que maître Trevor possède, lui aussi, un secret qui vous remplit d'épouvante. Je craignais tout à l'heure d'avoir devant moi un coupable, je vois qu'il y en a peut-être deux.

SIR JAFFRAY.

Je suis perdu!

TREVOR, bas à sir Jaffray.

A votre tour, dites, êtes-vous à ma merci et sous mes pieds? —

(Haut.) Votre Altesse conviendra, j'espère, que j'ai eu déjà raison de mon accusateur?

CROMWELL.

Oui, Monsieur; mais l'accusation?

TREVOR.

Ah! elle va, Dieu merci! tomber d'elle-même, et j'ai hâte d'en finir avec cette honte! — Milord, vous m'avez promis d'être mon second contre cet homme. Dans la partie acharnée que j'ai engagée avec lui, j'ai tour à tour risqué, perdu, amour, dévouement, sacrifice. Mais mon honneur? ah! il n'en est pas! je le retire de l'enjeu. Seulement, — je suis un joueur terrible, voyez-vous! — j'y mets ma vie!

CROMWELL.

Que dites-vous?

TREVOR.

Il est dans mon passé un secret étrange et formidable qui m'a fait une âme à part, qui me plaçait en dehors des hommes, au-dessus du sort, qui m'éclairait, pour ainsi dire, ce monde de la lumière de l'autre. Ce secret, il pouvait à toute minute me perdre, il me sauve aujourd'hui! Qu'est-ce qu'on parle de me condamner pour un crime ignoble à la prison? voilà trois ans que, pour avoir fait mon devoir, je suis condamné à mort!

CROMWELL.

Condamné à mort!

TREVOR.

Eh! oui! ce défenseur inconnu qui avait répondu de lord Windall aux juges et qui ne se représenta pas plus que lui, ne fut-il pas, lui aussi, dans la colère et dans la passion du moment, traité comme complice et condamné à mort par contumace? Et ne suis-je pas, moi, ce défenseur? Et l'arrêt qui prononce la peine capitale n'efface-t-il pas toutes les autres peines? — Eh bien! le soldat a purgé sa contumace par l'épée, l'avocat veut purger la sienne par la hache! et je revendique, au lieu de la prison infâme, la réhabilitation d'un tel échafaud!

CROMWELL.

Oh! la justification est héroïque, Monsieur! mais je ne puis l'accepter.

TREVOR.

Pourquoi donc? pourquoi le témoin du duel relèverait-il le fer quand la réparation est au bout?

CROMWELL, se rapprochant de lui et baissant la voix.

Ce pli que vous m'avez confié, — le testament de lord Windal sans nul doute, —doit vous faire innocents le comte et vous ?

TREVOR, bas et vite.

Mais, si je suis innocent, vous voyez bien que je redeviens infâme.

CROMWELL, même jeu.

Laissez-moi ouvrir ce pli, ne fût-ce que pour écraser cet homme!

TREVOR.

Non, j'ai la parole de Votre Altesse! je me dénonce moi-même; ce n'est pas cet homme qui m'a dénoncé.

CROMWELL.

Oh! si je veux, il va vous dénoncer tout à l'heure.

TREVOR, haut.

Non! non! non! par pitié, pas de grâce! Votre Altesse devine que je tente une épreuve désespérée. Je défends, comme on fait dans une mêlée, mon honneur avec mon péril, et mon salut avec mes blessures. Milord, j'ai un autre félon à épouvanter et à punir. Le lâche! il espère que, moyennant ma prison, sa conscience en sera quitte! mais je ne l'épargnerai pas, je le condamne à ma mort!

SIR JAFFRAY, à part.

Il ne parle plus de moi. Est-ce qu'il n'aurait pas mes lettres?

CROMWELL.

Mais vous n'avez pas mérité l'arrêt qui vous tue!

TREVOR.

Si fait! je m'en crois digne, milord, de cet arrêt glorieux et mortel qui me ressuscite et me purifie. Ah! Votre Altesse est trop généreuse pour me marchander le bourreau. Je réclame le bénéfice de la loi! tant pis! j'ai le droit d'être décapité, j'en use!

CROMWELL.

Allons, Monsieur! il ne sera pas dit que vous n'aurez pas trouvé Cromwell à votre hauteur. Je vous ai compris. Avez-vous quelque autre chose à réclamer de moi?

TREVOR.

Je demande pour délai à Votre Altesse le temps qu'un messager aille en France et en revienne.

CROMWELL.

Bien. Mais jusque-là, restez libre et, jusque-là, qu'il soit dit et publié pour tous comment et pourquoi vous voulez mourir. (Au lord grand juge.) Écrivez, milord...

TREVOR, allant à sir Jaffray, à voix basse.

Vous, je suis assez vengé de vous. Vivez. C'est mon état de défendre et non pas de dénoncer.

SIR JAFFRAY, de même.

Dites plutôt que vous avez voulu m'effrayer, mais que vous n'avez pas ces preuves. Oh ! j'en suis sûr ! je vois juste.

TREVOR.

Non, malheureux, vous voyez bas !

CROMWELL.

Sir Jaffray, j'aurai à vous parler; vous allez me suivre. — Maître Trevor, je consens à votre sublime requête. Moi, conducteur de ce peuple, je ne peux pas lui faire tort d'un si grand exemple, car pour que l'Angleterre soit une nation, il faut que l'Anglais soit un homme. Oui, vous irez à l'échafaud, seulement je veux que vous y marchiez comme en triomphe. Je veux que tout Londres soit témoin de ce glorieux supplice. Je veux moi-même, chapeau bas sur votre passage, saluer en vous, devant la ville et l'armée, le héros du courage civil et le martyr de l'honneur. Au revoir, Monsieur, dans quinze jours.

TREVOR.

Au revoir et merci, Altesse ! (Sortent Cromwell, sir Jaffray et le grand juge.)

SCÈNE III.

TREVOR, OBADIAH, BERTHEL, puis LILIAS.

TREVOR.

Obadiah ! à moi !

OBADIAH.

Présent ! (Ouvrant la porte et appelant :) Berthel ! Ah ! j'étouffais, et sans la consigne !...

BERTHEL.

Maître, maître! vous n'allez pas vous laisser massacrer comme ça sans vous défendre!

OBADIAH.

Vous ne le devez pas! pour vous, pour votre mère, pour nous tous à qui vous dites : Mes enfants!

LILIAS, s'élançant vers Trevor.

Pour moi, Georges, qui vous admire, — pour moi qui vous avais rêvé et qui vous ai méconnu, — pour moi... pour moi qui vous aime!

TREVOR, avec ravissement.

Lilias! chère Lilias! — Ah! oui, maintenant je voudrais vaincre et je voudrais vivre! Oui, je lutterai jusqu'au dernier souffle, j'épuiserai jusqu'à la dernière chance. Amis, j'ai toujours à moi vos dévouements?

BERTHEL.

Oui, des bras, des cœurs, des hommes.

TREVOR.

Vous ferez tout le possible?

OBADIAH.

Oui.

BERTHEL.

Non! tout l'impossible!

TREVOR.

Pouvez-vous partir pour Calais?

OBADIAH.

A combien? A cinq cents?

TREVOR.

Dix hommes suffiront.

BERTHEL.

Le bâtiment de Dunstan est là.

TREVOR.

Quand peut-il mettre à la voile?

BERTHEL.

Dans une demi-heure.

TREVOR.

Eh bien! Berthel, eh bien! mon brave gerfaut, ce Gilbert ne veut pas venir? va me le chercher!

BERTHEL.

C'est dit, c'est fait, maître!

TREVOR.

Et s'il refuse de marcher?

OBADIAH.

On le porte.

TREVOR.

S'il crie?

BERTHEL.

On a un bâillon.

TREVOR.

S'il résiste?

BERTHEL.

On a des cordes.

TREVOR.

Pas une égratignure! Il me le faut sain et sauf, Berthel.

OBADIAH.

Vous l'aurez!

BERTHEL.

Pour quel jour?

TREVOR.

Pour le jour de mon exécution! Je ne l'accuserai pas, mais je le regarderai. Qu'il soit là! qu'il me voie passer, qu'il me voie mourir! Va, Berthel! Il s'obstine dans cet infâme silence? j'ai bien le droit de le mettre à la question avec mon supplice! Va! Il ne croit à rien? je peux bien faire apparaître ce spectre à sa conscience! Va! va! Puisque je fais les frais du spectacle, je veux ce spectateur!

Deuxième Tableau.

La place de Charing-Cross. Au fond, large escalier de pierre de la Maison de Justice. A droite, l'hôtel Northumberland. Au lever du rideau, la grosse cloche sonne. — Foule pressée de bourgeois et d'ouvriers, contenue par les gardes.

SUZANNA, dans un groupe.

Comment! on va donc laisser mourir comme ça notre avocat des pauvres!

SAMMY.

Hé ! c'est lui qui le veut à toute force !

HABAKUK.

Il y a une heure, il était libre comme vous et moi.

SAMMY.

Ah ! c'est triste, mais c'est grand tout de même !

SUZANNA.

Oh ! je dis, moi, qu'il n'arrivera pas un malheur pareil ! Le bon Dieu sera plus juste que les hommes! (Entrent sir Jaffray et Flavio.)

SIR JAFFRAY, aux gardes.

Place ! je vais chez le lord protecteur.

FLAVIO.

N'y allez pas, Jaffray! n'y allez pas, vous dis-je ! Venez avec moi, vite et vite.

SIR JAFFRAY.

Pour quoi faire ?

FLAVIO.

Pour nous sauver, pardieu ! Savez-vous ce que m'a dit sous main maître Lucian, qui a l'oreille du Protecteur. Il m'a conseillé, puisque j'aime tant la France, d'aller faire tout de suite un tour à la Place-Royale. Les chevaux sont attelés. Venez, je vous emmène.

SIR JAFFRAY.

Allez ; moi, je reste.

FLAVIO.

Quoi ! voulez-vous assister au supplice, ou plutôt au triomphe de Georges Trevor?

SIR JAFFRAY.

Les choses ne se passeront peut-être pas comme vous croyez. Je me suis assuré que ce Trevor n'avait réellement contre nous aucune preuve. Et Cromwell, mieux édifié par moi sur son compte, incline à penser maintenant que l'avocat de lord Windall pourrait bien avoir été véritablement son complice.

FLAVIO.

Avez-vous commis cette nouvelle infamie, Jaffray?

SIR JAFFRAY.

Eh! je ne pouvais nous justifier qu'en accusant!

FRAVIO.

Alors, bonsoir! Je vais seul à Paris! Allez seul au diable! (Il sort. — Paraît, à la galerie de l'hôtel Northumberland, Cromwell avec son escorte.)

HABAKUK.

Le lord Protecteur! Ah! mes amis, demandons-lui grâce et justice.

TOUS.

Grâce! grâce! justice! (Entrent par la gauche Berthel, Obadiah, Dunstan et Gregory, entraînant Gilbert éperdu.)

GILBERT.

Que voulez-vous de moi, enfin? Où me conduisez-vous? ou sommes-nous?

BERTHEL.

Nous sommes arrivés. Ta place était retenue. D'ici, tu pourras bien voir, misérable!

GILBERT.

Quoi voir?

OBADIAH.

Regarde. (La porte de fer de la Maison de Justice s'ouvre; Trevor, la tête nue, le col découvert, pâle et tranquille, paraît au haut de l'escalier, le bourreau devant lui, un ministre à son côté. Tous s'inclinent, quelques-uns s'agenouillent. Des femmes agitent leurs mouchoirs, d'autres jettent des fleurs à Trevor. La veuve de Dickson amène ses enfants lui baiser la main. Trevor descend lentement, les yeux fixés de loin sur Gilbert.)

LA FOULE.

Vive Trevor!

GILBERT.

Mon Dieu! Georges Trevor! Qu'est-ce que cela veut dire? (Entrent Margaret et Lilias, elles vont se placer derrière Gilbert.)

CROMWELL.

Anglais! regardez cet homme. Par la désertion d'un coupable, il était sous le coup d'une peine minime, mais infamante. Il a mieux aimé revendiquer dans son passé une accusation honorable, mais mortelle. Il s'est détourné de la prison et il a embrassé l'échafaud. Anglais ! il meurt volontairement pour l'honneur. Saluez-le tous comme je le salue.

MARGARET.

Sois béni, martyr, et que ton meurtrier soit maudit !

LILIAS, se penchant vers Gilbert.

Oui, sois maudit, déserteur et meurtrier ! Je te méprise, je l'aime ! (Trevor est arrivé devant Gilbert, le fascinant de son regard. Quand il n'est plus qu'à trois pas, Gilbert se jette à genoux face contre terre.)

GILBERT.

Grâce ! grâce ! Le coupable, ce n'est pas lui... c'est moi !

CRI UNIVERSEL.

Vivat ! vive Trevor.

CROMWELL.

D'après cet aveu, Georges Trevor, vous êtes justifié, vous êtes libre.

SIR JAFFRAY, à demi voix, à Lucian.

Resterait pourtant la condamnation principale...

CROMWELL, vivement.

C'est vrai ! Sur la dénonciation de sir Jaffray, j'ai déjà pu, Georges Trevor, sans manquer à ma parole, ouvrir le pli que vous m'avez confié. Gilbert Talbot, vous n'avez pu dérober ce qui était à vous, ce que lord Windall vous lègue dans son testament, à vous fils de son frère. Sir Jaffray, vos lettres signées prouvent que seul vous avez voulu livrer à l'étranger votre patrie : qu'on veille sur ce prisonnier d'État ! — Maître Trevor, vous serez toujours le bienvenu à White-Hall.

TREVOR.

Et toi, mon honneur, mon honneur bien-aimé ! rentre dans ma vie, comme le maître dans sa maison qu'il avait trop longtemps quittée. Ma mère, Lilias, Efflam ! vous tous, mes enfants, réjouissez-vous : c'est fête aujourd'hui dans la famille !

FIN.

[library stamp]

LAGNY. — Imprimerie VIALAT.